Antonio Cruz

NUEVO ATEÍSMO

Una respuesta desde la ciencia,
la razón y la fe

Editorial CLIE
www.clie.es

EDITORIAL CLIE
C/ Ferrocarril, 8
08232 VILADECAVALLS
(Barcelona) ESPAÑA
E-mail: clie@clie.es
http://www.clie.es

NUEVO ATEÍSMO. Una respuesta desde la ciencia, la razón y la fe.
ISBN: 978-84-8267-965-5
Depósito legal: B-25662-2015
Teología Cristiana
Apologética
Referencia: 224938

ANTONIO CRUZ nació en Úbeda, provincia de Jaén (España) el 15 de julio de 1952. Licenciado en Ciencias Biológicas por la Universidad de Barcelona el 17 de Marzo de 1979. Doctor en Biología por la misma Universidad de Barcelona el 10 de julio de 1990. En 2010 logra el Doctorado en Ministerio (Homilética y Antiguo Testamento/Nuevo Testamento) por la Theological University of America de Cedar Rapids (Iowa).

Ha sido Catedrático de Biología y Jefe del Seminario de Ciencias Experimentales. Biólogo investigador del Departamento de Biología Animal de la «Universidad de Barcelona. Ha formado parte de numerosos tribunales académicos constituidos para juzgar tesis doctorales y recibido reconocimientos de la «Universidad Autónoma de Honduras», «Universidad Autónoma de Yucatán» (México) y «Universidad Mariano Gálvez» de Guatemala, por diversas intervenciones. Profesor del «Centro de Estudios Teológicos» en Barcelona. Es colaborador de FLET «Facultad Latinoamericana de Estudios Teológicos» en al área de Maestría.

En la actualidad es pastor colaborador en la Iglesia Unida de Terrassa.

Ha impartido seminarios, conferencias y predicaciones en centenares de iglesias e instituciones religiosas en España, Estados Unidos y toda Latinoamérica.

Ha publicado numerosos artículos en revistas científicas españolas y europeas especializadas en biología y zoología y ha participado en numerosos Congresos Científicos en España y en el extranjero.

Entre sus principales obras se encuentran:

-*Postmodernidad: El Evangelio ante el desafío del bienestar*, CLIE, 1996.
-*Parábolas de Jesús en el mundo postmoderno*, CLIE, 1998.
-*Bioética cristiana: Una propuesta para el tercer milenio*, CLIE, 1999.
-*Sociología: Una desmitificación*, CLIE, 2001.
-*La ciencia, ¿encuentra a Dios?*, CLIE, 2005.
-Sermones actuales, CLIE, 2008.

ÍNDICE GENERAL

Introducción

Entre las principales razones de la pérdida de fe de los jóvenes universitarios, tanto en Europa como en América, está el escándalo de algunas iglesias cristianas que, en ocasiones, no se muestran consecuentes con la doctrina evangélica que predican a las personas. Así como también las notables deficiencias en la formación religiosa que se les ofrece. A veces, se realizan grandes esfuerzos evangelísticos con el fin de llenar las iglesias, pero cuando éstas rebosan de almas no se las forma adecuadamente ni se las provee de suficientes recursos doctrinales y apologéticos. Por supuesto pueden existir además otras razones, como la constatación de la injusticia social en el seno de sociedades que hasta ahora se consideraban oficialmente cristianas; el espíritu científico que se presenta por parte del Nuevo ateísmo como si fuera enemigo e incompatible de la fe religiosa, el atractivo de algunas ideologías ateas que se muestran como científicas en oposición al pretendido oscurantismo religioso, la constatación de los males de la violencia y el terrorismo de raíz religiosa, etc.

Si realmente esto es así, tal como parecen reconocer muchos muchachos cristianos que cursan sus estudios en la universidad, ¿no deberían las iglesias y congregaciones revisar su presentación educativa doctrinal, así como la preparación apologética de los líderes de jóvenes, con el fin de evitar las posibles crisis religiosas capaces de conducir al ateísmo? Si se ofreciera por parte de las comunidades cristianas una formación religiosa más adecuada y seria, así como una actitud más auténtica, probablemente se reduciría este abandono de la fe que se observa en la actualidad en buena parte de Occidente. Debemos tomar conciencia de que una educación teológica pueril, pusilánime y superficial no va a cambiar esta tendencia. Tenemos que hacer algo. Y, quizá, lo primero sea formar adecuadamente a los pastores y líderes en los seminarios teológicos.

El ser humano preparado intelectualmente y educado en la rigurosidad racional del método científico, no parece encontrar satisfacción a sus aspiraciones religiosas personales en un Dios y en una religión que, con frecuencia, se le muestran incompatibles con su fe. El Nuevo ateísmo, que prolifera hoy en los ambientes universitarios, se encarga de hacer creer a la gente que la imagen del Dios sabio de la Biblia que ha planificado inteligentemente el mundo, no coincide con los planteamientos de la ciencia moderna. Un lento y azaroso proceso de mutaciones seleccionadas por la naturaleza, sin ninguna intención ni propósito –por mucho que se empeñe el evolucionismo teísta–, no parece encajar con la planificación previa, la bondad, el orden y la providencia característicos de la divinidad bíblica. Semejante confrontación es explotada por los nuevos ateos para defender la inexistencia del Creador. La teoría darwinista de la evolución de las especies, explicada por tantos profesores incrédulos desde el más puro materialismo naturalista que excluye cualquier agente sobrenatural, es como una ducha helada para la fe y la espiritualidad del joven cristiano que empieza sus estudios en la universidad. Su venerado Dios creador, querido desde la escuela bíblica infantil, es sustituido progresivamente por otras causas impersonales como las leyes físico-químicas, biológicas, sociológicas o psicológicas. En lo más profundo de su ser se produce una trágica mutación: se cambia la fe en Dios por la fe en la materia.

¿Tienen razón los defensores del darwinismo materialista, así como los proponentes del Nuevo ateísmo, para afirmar que la ciencia contemporánea elimina la necesidad de un Dios creador? El presente libro pretende responder a dicha pregunta desde la biología, la teología y la fe. Es evidente que teología y ciencia siguen caminos diferentes en los que están prohibidas las injerencias. Dios no es ninguna incógnita matemática que deba introducirse necesariamente en las integrales de los físicos. Tampoco alguna extraña y afortunada mutación génica que se haya colado en las pretendidas líneas evolutivas que proponen los biólogos evolucionistas o una misteriosa motivación etérea que condicione el comportamiento psicológico de las personas. Estamos de acuerdo en que un Dios que sólo fuera eso, resultaría científicamente falso y religiosamente inútil. El Dios de la Biblia no se dedica a rellenar mediante milagros las lagunas de la realidad que todavía carecen de explicación científica. No existe el dios tapagujeros. Lo cual no implica que el auténtico milagro no pueda ocurrir cuándo y cómo la divinidad lo determine.

Por otro lado, si Dios ha creado el universo, la vida y la conciencia humana, ¿no resultaría lógico suponer que dicha creación pudiera mostrar evidencias de semejante acción divina? No es que tales evidencias pudieran constituir una demostración científica concluyente de la existencia del Creador, más bien serían indicios que invitarían a pensar que detrás del mundo material no hay solamente caos y casualidad, como postula el naturalismo materialista del Nuevo ateísmo, sino, sobre todo, diseño inteligente, orden e información sofisticada. De la misma manera que cuando caminamos por un jardín botánico podemos intuir perfectamente el diseño humano en la disposición de las flores plantadas por los jardineros, y las distinguimos de aquellas otras que han nacido por casualidad junto al camino, también resulta posible descubrir diseño inteligente en la naturaleza. ¿Cómo es posible reconocer que algo ha sido diseñado y no es producto del azar o de las fuerzas naturales? El diseño es la adecuación de diferentes partes con un propósito determinado. Es lo que hace, por ejemplo, un relojero al fabricar las diversas piezas de un reloj y colocarlas de manera adecuada para elaborar una máquina capaz de medir el tiempo. En general, cuantas más partes se requieran para lograr un determinado objetivo, y con mayor precisión deban encajar tales partes entre sí para lograr dicho objetivo, más seguro se puede estar que la conclusión del diseño es la correcta.

¿Muestran evidencias de diseño los seres vivos? ¿Qué conclusiones pueden obtenerse a partir de los últimos descubrimientos de las ciencias biológicas? En la época en que Darwin propuso su teoría de la evolución, las principales moléculas y células que constituyen a todos los seres vivos eran prácticamente desconocidas. La célula, como escribe el Dr. Michael J. Behe en el título de su famoso libro (*La Caja negra de Darwin*), era como una caja negra ya que apenas se conocía todo el increíble microcosmos que alberga su interior. Si Darwin hubiera sido consciente de la complejidad de los procesos bioquímicos y la sofisticada nanotecnología que existe en cada minúscula célula, muy probablemente no hubiera escrito *El origen de las especies*, porque cuando se entiende cómo funciona la célula es inevitable pensar que semejante estructura biológica no puede proceder de mutaciones ciegas, sino de una mente sumamente compleja. Darwin decía que el diseño en la naturaleza era sólo aparente. Sin embargo, si hubiera tenido acceso a las conclusiones de la citología actual, seguramente hubiera pensado que el diseño no es aparente sino real. El diseño se puede reconocer en la combinación de diferentes partes con un determinado propósito, y eso es precisamente lo que muestra la célula. El más grande y profundo propósito de todo el universo en la combinación de sus múltiples partes.

La cuestión fundamental que subyace hoy en el seno de las ciencias biológicas es, ¿cómo pudo el mecanismo darwinista de las mutaciones más la selección natural elaborar la sofisticada nanotecnología de la célula? Darwin no sabía nada de todo esto cuando formuló su teoría. Lo que implica, en realidad, que la hipótesis de las mutaciones al azar no se supo hasta la década de los 90 del pasado siglo XX. Fue el microbiólogo Richard Lenski y sus colaboradores de la Universidad de Michigan quienes crearon el más grande laboratorio experimental de la historia capaz de dar respuesta a esta pregunta. Durante dos décadas estuvieron trabajando con trillones de bacterias *Escherichia coli*. Pudieron estudiar más de cinco mil generaciones sucesivas de dicho microorganismo y esto les permitió detectar muchas mutaciones beneficiosas que fueron seleccionadas porque mejoraban la capacidad de las bacterias para competir con sus hermanas.

Sin embargo, también comprobaron que si bien mejoraban ciertos aspectos celulares, otros resultaban notablemente perjudicados. Las mutaciones observadas producían al mismo tiempo degradaciones en la célula, capaces de destruir genes enteros o de hacerlos menos eficaces. Pero, ¿cómo puede un gen mejorar el funcionamiento de la célula en ciertos aspectos y estropearlo en otros?

Oí al Dr. Behe responder a esta pregunta por medio del siguiente ejemplo. ¿Cómo se mejoraría el consumo de gasolina de un automóvil mediante cambios rápidos? Una forma de lograrlo podría ser rompiendo los espejos retrovisores laterales. De esta manera, se reduciría inmediatamente la resistencia al viento cuando el vehículo se desplazara. Por supuesto, los retrovisores habrían desaparecido y ya no sería posible ver a través de ellos los coches que nos adelantan pero, por otro lado, el consumo de combustible se habría reducido ligeramente y el vehículo podría seguir corriendo, aunque careciera de tales espejos. Pues bien, algo parecido es lo que ocurre también en las células que han sufrido una determinada mutación. Es posible que experimenten efectos benéficos momentáneos en su funcionamiento celular pero, desde luego, no es esta la manera que requiere la teoría darwinista para elaborar un órgano más complejo o un sistema molecular nuevo.

Se puede poner otro ejemplo más cercano a la fisiología humana. Las personas que padecen la enfermedad genética conocida como «anemia falciforme», provocada por la mutación de un gen en el cromosoma 11, presentan glóbulos rojos falciformes, es decir, en forma de hoz en vez de los normales que son redondeados. Estos glóbulos no circulan tan bien por los capilares sanguíneos, se enganchan, obstruyen los vasos y provocan anemia, o sea, escasez de glóbulos rojos en sangre. Pues bien, resulta que en las regiones donde afecta la malaria, los enfermos de anemia falciforme tienen ventaja sobre el resto de la población ya que el parásito de la malaria es incapaz de destruir sus glóbulos rojos falciformes producidos por mutación y no suelen enfermarse. Es decir, que las mutaciones pueden mejorar ligeramente algunas cosas pero, en general, tienden a estropear el delicado equilibrio de las demás.

Los conocimientos científicos actuales muestran que el mecanismo propuesto por Darwin –mutaciones al azar y selección natural– es incapaz de producir el sofisticado diseño que posee la célula. No crea diseño inteligente, ni siquiera apariencia de diseño. Más bien, igual que un elefante en una cacharrería, las mutaciones arbitrarias tienden a destruir los delicados sistemas existentes en la célula, aunque de vez en cuando puedan ayudar a un organismo a sobrevivir en circunstancias desesperadas. Por lo tanto, no podemos seguir confiando en el hipotético poder de las mutaciones para crear la diversidad de la vida.

El Nuevo ateísmo se rebela contra esta conclusión y se aferra de manera fanática al darwinismo materialista para rechazar las numerosas evidencias de diseño que ofrece el mundo natural. Sin embargo, tienen la realidad de las observaciones en su contra. La ciencia no puede darles la razón. De ahí que su actitud se haya tornado tan beligerante y algunos de sus representantes se convirtieran en iracundos telepredicadores del ateísmo. No obstante, ante el horizonte del genuino espíritu científico del hombre de hoy, Dios sigue presentándose como una metahipótesis trascendental que responde a la pregunta humana acerca de la totalidad de la realidad. Es verdad que la ciencia no resuelve metahipótesis, pero el interrogante queda abierto porque la profundidad de la realidad guarda su misterio y parece empeñada en señalar hacia ese trasfondo de la inteligencia que la fundamenta, la envuelve, la dinamiza y la trasciende.

A Dios no se le debe confundir con las fuerzas ocultas de la naturaleza. Ni con el inconsciente colectivo de la humanidad. No es ningún superempresario capitalista, líder totalitario o dictador dogmatista y posesivo. Dios es, más bien, ese «otro» que anhelamos siempre y que ha salido al encuentro del ser humano. Es la verdadera realidad revelada en Cristo. Es el Padre de todos, que nos ama y desea congregarnos mediante el soplo de su Espíritu en la gran familia de su Hijo Jesucristo.

CAPÍTULO 1
¿Qué es el nuevo ateísmo?

Vivimos en una época en la que la verdad se ha relativizado y las cosas se juzgan más por su cantidad que por su autenticidad. A fuerza de repetir una mentira, ésta puede convertirse en verdad aceptada por la mayor parte de la sociedad. Y al revés también, las grandes verdades de siempre pueden ser arrinconadas e ignoradas hasta transformarse en reliquias del pasado sin relevancia social en el presente. Muchas de las afirmaciones del cristianismo entrarían dentro de esta segunda categoría. La fe en Jesucristo y los valores para la vida del ser humano que de ella se desprenden, están siendo cuestionados y atacados en la actualidad. No solamente por parte de ciertos fanatismos religiosos, como el procedente de algunos grupos extremistas islámicos, sino también por otro tipo de fanatismo antirreligioso, el de unos intelectuales anglo-americanos que se hacen llamar: Los Cuatro Jinetes. Me refiero a Richard Dawkins, Sam Harris, Christopher Hitchens y Daniel Dennet. No son los únicos pero sí los más vehementes y significativos.

Durante las últimas décadas, estos militantes del ateísmo radical han venido produciendo montones de best-sellers y DVDs con el único propósito de acometer contra la religión y, en particular, contra la visión cristiana de la vida. Algunos de sus títulos más característicos traducidos al español son: *El espejismo de Dios* (R. Dawkins); *El fin de la fe* (S. Harris); *Dios no es bueno: alegato* (C. Hitchens) y *Rompiendo el conjuro* (D. Dennet). Es curioso, pero del gran número de libros escritos por creyentes que responden a estas obras ateas en inglés, sólo un pequeñísimo porcentaje ha sido publicado también en nuestro idioma. ¿Hay motivos para la preocupación?

En mi opinión, no y sí. Me explico. Si hacemos caso a los especialistas, sobre todo, a los filósofos y teólogos de prestigio, toda la propaganda que realizan estos predicadores del ateísmo se apoya en unos argumentos sumamente endebles. La calidad de sus razonamientos, cuando hablan de Dios y de los orígenes, es tan baja que parece propia de alumnos de secundaria (¡con perdón para éstos últimos!). Desde semejante perspectiva, no habría por qué preocuparse ya que las razones que ofrecen, hace ya bastante tiempo que fueron bien replicadas y superadas por el pensamiento filosófico-teológico. Además, parece que la virulencia con que arremeten contra la religión avergüenza incluso a los propios pensadores ateos tradicionales. Esto contribuye a que no gocen de la aprobación del gran público, sino solamente de un sector previamente sensibilizado.

No obstante, como la cultura contemporánea valora más la cantidad que la calidad, pienso que sí hay motivos para la preocupación. Muchas de estas publicaciones ateas han hecho que algunos creyentes, jóvenes y no tan jóvenes, pierdan su fe. Al sobreestimar la insistencia y la elocuencia de algunos de estos paladines del nuevo ateísmo por encima de la veracidad y la lógica de sus proposiciones, un cierto sector de la población actual sucumbe a los cantos de sirena del cientifismo descreído. Sobre todo los jóvenes universitarios. Y esto, sí me parece preocupante. Creo que en estos momentos todo esfuerzo argumentativo por parte de los creyentes, en defensa de la fe cristiana, resulta absolutamente necesario para paliar la situación que se está viviendo en el mundo universitario de Occidente. Hoy, como siempre, estamos obligados a seguir realizando una apologética de calidad que sea capaz de contrarrestar la perniciosa visión del mundo que se desprende del ateísmo.

Aunque se pudiera pensar que ponerse a discutir sobre la existencia de Dios, o la veracidad del cristianismo, con alguien que no acepta ninguna de estas realidades, es una auténtica pérdida de tiempo, con todo, creo que quienes pretendemos seguir a Cristo estamos llamados a presentar en todo momento defensa de nuestra fe. Desde luego, con arreglo a nuestras posibilidades. En este sentido, quisiera referirme a un tema que me llama poderosamente la atención y que se desprende del libro, *El espejismo de Dios*, de Richard Dawkins. Este autor manifiesta insistentemente que no cree en la existencia de Dios. Sin embargo, con el fin de desmentir dicha realidad trascendente, se ve obligado a crear otro dios a su medida. El «dios Azar» se convierte así en el objeto de su fe y esperanza, al que le dedica una considerable devoción. En el fondo, se trata de una especie de anti-dios convertido –de manera equivocada según veremos– en divinidad laica.

Una confusión importante en la que incurre con frecuencia Dawkins es tratar lo «imposible» como si sólo fuera «improbable». En *El espejismo de Dios* escribe: «En un extremo del espectro de improbabilidades están aquellos eventos probables que nosotros llamamos imposibles. Los milagros son eventos que son extremadamente improbables»[1]. Mediante esta extraña frase, intenta convencer a sus lectores de que lo imposible es en realidad sólo extremadamente improbable. Esto le hace caer en la contradicción de afirmar que lo imposible, por absurdo que parezca, es posible. El origen de la vida a partir de la materia inorgánica entraría dentro de esta posibilidad. Cualquier cosa sería posible en la naturaleza, por muy improbable que fuera, excepto, por supuesto, la existencia de Dios y los milagros.

---

1. Dawkins, R., *El espejismo de Dios*, ePUB, 2011 (p. 339).

CAPÍTULO 1. ¿Qué es el nuevo ateísmo?

¿Por qué? Pues porque, en su opinión, tales cosas serían tan poco probables como la existencia de hadas o gnomos correteando por cualquier bosque.

Dawkins se refiere a las distintas opiniones humanas acerca de la existencia del Sumo Hacedor y propone un espectro de siete probabilidades que irían desde el teísmo fanático al ateísmo radical. Él se confiesa ateo *de facto* y se incluye en la sexta opinión: «No estoy totalmente seguro, mas pienso que es muy improbable que Dios exista y vivo mi vida en la suposición de que Él no está ahí»[2]. Pues bien, esta manera de intentar resolver la existencia de Dios como un simple cálculo de probabilidades es el principal error que atraviesa toda la obra atea de Dawkins.

La existencia de Dios no es cuestión de probabilidades. Él existe o no existe. No podemos tratarlo como si fuese un ser físico o un fenómeno perteneciente al mundo natural. Lo que entra en el ámbito de las probabilidades son aquellas cosas que se consideran contingentes, es decir, que no tienen por qué existir necesariamente. De hecho, todo es contingente menos Dios que es necesario. El universo existe pero podría no haber existido, por tanto es contingente. Pero Dios, si existe, es necesario y eterno por definición. Esta matización, desde luego, no demuestra que su existencia sea real pero deja claro que existir eternamente y ser Dios son conceptos inseparables. Por tanto, es tan absurdo preguntarse «¿cuál es la probabilidad de que Dios exista?» como cuestionarse «¿cuál es la probabilidad de que los gnomos del bosque lleven un gorro rojo?».

Otra cosa distinta sería aplicar la probabilidad a los argumentos acerca de la existencia del Creador. Éstos pueden ser más o menos acertados y, por tanto, sería correcto establecer categorías entre los más o menos probables. Pero, lo que hace Dawkins carece por completo de sentido ya que trata a Dios como si éste fuera un pedazo cualquiera de la naturaleza y no un ser trascendente. Esto le lleva a cosas tan absurdas como preguntarse quién creó a Dios o usar métodos estadísticos para verificar su existencia. En realidad, su problema es que sabe muy poco acerca del Dios que intentar rebatir. Por el contrario, usa su ilimitada fe en el azar para ofrecer explicaciones materialistas de aquellos acontecimientos que cualquier persona en su sano juicio atribuiría a una causa sobrenatural. Su razonamiento confuso entre lo posible y lo imposible es como un juego de prestidigitación intelectual con el que pretende convencer a la gente para que crea que la aparición de la vida sobre la Tierra no requiere para nada de un Dios creador.

Veamos cómo argumenta acerca del origen de la vida. Después de reconocer que hay dos hipótesis para explicarlo: la del diseño y la científica (como si la primera no se dedujera también de los últimos datos de la

---

2. *Ibid.*, p. 48.

ciencia), asegura que la hipótesis científica es la única estadística ya que los investigadores invocan la magia de los grandes números. «Se ha estimado que hay entre mil y treinta mil millones de planetas en nuestra galaxia, y cerca de cien mil millones de galaxias en el Universo. (…) Supongamos que (*el origen de la vida*) fue tan improbable como para ocurrir solo en uno entre mil millones de planetas. (…) Y aun así… incluso con esas absurdamente bajas posibilidades, la vida habría surgido en un billón de planetas, de los que la Tierra, por supuesto, es uno de ellos[3]. Esta conclusión resulta tan sorprendente que la vuelve a repetir para que el lector se la crea. ¿Está Dawkins en lo cierto? ¿Ha aparecido la molécula de ADN, y por consiguiente la vida, en mil millones de planetas por todo el universo?

Semejante conclusión resulta tan sorprendente por la sencilla razón de que se basa en un razonamiento equivocado. Se trata de un argumento insostenible a la luz de las reglas de la lógica. Éstas dicen que no se puede dar por supuesto aquello que se debe probar. Que la molécula de ADN y la primera célula viva se hayan construido espontáneamente por azar es algo que se tendría que demostrar, no darlo por supuesto. Hay que preguntarse si eso es posible o no, antes de plantearse si es más o menos probable. Porque si es imposible que la tremenda complejidad de la más simple célula se originara en la Tierra por casualidad, a partir de elementos químicos sencillos, el hecho de añadir un billón o un trillón de posibles planetas, no cambia dicha imposibilidad en nada. No importa la cantidad de planetas similares al nuestro que pueda haber en todo el universo. Si algo es imposible, no ocurrirá nunca. Y este es el error que comete Dawkins, dar por hecho que lo imposible es solamente algo muy improbable, pero que puede ocurrir. Cuando, en realidad, no es así.

Aunque se aceptase incluso que el ADN, o alguna otra molécula parecida, ha podido formarse únicamente por azar, continuaría siendo equívoco y excesivo suponer una posibilidad en mil millones. Si esto fuera así, no habría tanto escepticismo entre los especialistas que estudian el origen de la vida porque, en realidad, cuando se hacen bien los cálculos los resultados son aún más aterradores. Por ejemplo, si pensamos en una pequeña cadena de ADN de tan sólo cien bases nitrogenadas de longitud, que sería muchísimo más corta que las que posee cualquier célula, la probabilidad de obtener determinada combinación es alucinante. Una de cada cuatro elevado a cien. Esto significa que los cálculos de Dawkins son excesivamente optimistas, pues considera que una cadena de ADN favorable podría surgir por azar con la probabilidad de una en mil millones. Es decir, una en una cantidad equivalente a un uno seguido por nueve ceros. Pero resulta que,

---

3. *Ibid.*, p. 125. (Hay que tener en cuenta que «un billón», en inglés, son «mil millones» y no «un millón de millones», como en español).

en realidad, ¡es una en un 1'6 seguido por 59 ceros![4]. No hace falta ser matemático para darse cuenta de la diferencia de ceros. Pero además, resulta que el ADN no sirve de nada sin las proteínas y la probabilidad combinada de la aparición por azar de las proteínas necesarias para que la célula más simple funcione es prácticamente incalculable.

La fe que tiene Dawkins en el dios Azar es tan fuerte como la de los creyentes en el Dios creador, aunque él se niegue a llamarle fe. Su deseo de eliminar al verdadero Creador le lleva a admitir cosas tan absurdas, como que lo imposible es posible. ¿Por qué una persona tan inteligente como él manifiesta tanta devoción hacia el huidizo dios Azar? No lo sé. Habría que averiguar en los entresijos de su alma. Pero lo que está claro es que prefiere creer en cualquier cosa, antes que en el Dios que se revela en la Biblia.

Dios y el Nuevo ateísmo

¿Puede considerarse científica la idea de que el universo y la vida fueron diseñados por un creador inteligente? ¿Es posible hacer ciencia tomando como base tal planteamiento? ¿O, como creen los nuevos ateos, esta cuestión quedaría fuera del ámbito de las investigaciones humanas y no tendría ningún sentido formulársela, ya que desde la perspectiva del darwinismo, todo diseño en la naturaleza sería sólo aparente pero no real?

Según la filosofía naturalista, la apariencia que poseen los seres vivos, así como la materia y las leyes del cosmos, de haber sido diseñados inteligentemente, se debería tan sólo a un espejismo de los sentidos humanos pues, en realidad, todo sería obra de la selección natural, ciega y sin propósito, actuando sobre la materia inanimada o sobre las mutaciones fortuitas en los diversos genomas de los organismos.

Ahora bien, ¿y si la propia evidencia científica mostrara la existencia de órganos o funciones biológicas complejas que no pudieran haberse formado de ninguna manera mediante el tipo de transformaciones que requiere el darwinismo? ¿Qué se debería pensar si la filosofía evolucionista ofrece unas explicaciones, pero los últimos descubrimientos científicos sugieren otras completamente diferentes? Por ejemplo, la bioquímica y la citología modernas han evidenciado que las principales macromoléculas de los seres vivos, como el ADN y el ARN, así como casi todas las funciones celulares importantes, apuntan en la dirección de algún tipo de inteligencia original que lo habría diseñado todo. Es matemáticamente imposible que la compleja información que poseen tales estructuras se haya originado al azar, sin propósito ni planificación previa alguna.

4. Hahn, S. y Wiker, B., *Dawkins en observación*, Rialp, Madrid 2011, p. 43.

Durante más de dos milenios, la mayor parte de los pensadores y científicos del mundo estuvieron convencidos de que el universo había sido diseñado. Esta idea de diseño no interfirió negativamente en su tarea investigadora. Al contrario, entendían que el cosmos podía ser comprendido racionalmente porque había sido creado de manera inteligente. La ciencia era posible debido al orden y la comprensibilidad propia de la naturaleza que facilitaba su estudio. El cosmos era inteligible precisamente por haber sido creado de forma inteligente. En este sentido, Isaac Newton, manifestó: «Este sistema tan bello del Sol, los planetas y los cometas solamente podría proceder del consejo y dominio de un Ser inteligente y poderoso»[5]. Otros hombres de ciencia como Copérnico, Galileo, Kepler, Pascal, Faraday o Kelvin, eran de la misma opinión. ¿Acaso no avanzó la ciencia gracias a estos partidarios del diseño inteligente?

En ocasiones se sugiere que la creencia en el diseño impediría el progreso científico, ya que ante cualquier problema el investigador podría encogerse de hombros y decir «Dios lo creó así» y el fantasma del Dios tapagujeros sería el recurso fácil que frenaría la ciencia para siempre. Sin embargo, no parece que la ciencia se paralizara debido a las convicciones acerca del diseño de aquellos grandes hombres que la forjaron. Más bien se aceleró en grado sumo.

Semejante convicción teísta imperó en Occidente hasta que Darwin, a mediados del siglo XIX, la cuestionó. En su opinión, según hemos dicho, el diseño sería una apariencia creada por el concurso de la selección natural sobre las variaciones al azar. A finales del siglo XX, el famoso biólogo ateo, Richard Dawkins, principal propulsor del Nuevo ateísmo, incluso llegó a inventarse una palabra para describir tal apariencia de diseño e introdujo el término «designoide»[6] o falso diseño. Muchas personas creen hoy en este concepto darwinista reformulado por Dawkins. Están convencidas que la ciencia depende de semejante suposición naturalista y que para ser un buen científico hay que comulgar con dicha fe.

No creo que la verdadera ciencia dependa de la creencia en el diseño aparente. Más bien es el darwinismo quien depende de tal suposición no demostrada y contraria al sentido común. Ante las múltiples evidencias de órganos, estructuras y funciones biológicas complejas que presentan una elevada cantidad de información, decir que «la evolución las originó lentamente de alguna manera» es como apelar a la «evolución tapagujeros». Afirmar simplemente que «la evolución las hizo», sin aportar pruebas concluyentes, puede frenar tanto el avance de la ciencia como decir que quien

---

5. Citado por Charles Thaxton, en *Cosmic Pursuit*, 1 de marzo de 1998. Ver http://www.arn.org/docs/thaxton/ct_newdesign3198.htm.

6. Richard Dawkins, *Escalando el monte improbable*, Tusquets, Barcelona 1998.

las creó fue Dios. Se trata de un argumento que puede usarse indistintamente en ambos casos.

Es lógico que aquél científico partidario del diseño real en la naturaleza centre sus investigaciones en determinadas hipótesis previas, mientras que el darwinista lo haga en otras diferentes. Si un investigador estudia, por ejemplo, el origen de la fonación o la capacidad para hablar y emitir sonidos articulados, desde la perspectiva darwinista, es probable que se centre en la anatomía de las diferentes laringes y lenguas en los primates superiores, así como en la estructura de los cráneos de sus posibles fósiles y los compare con los análogos humanos. Trataría de comprender cómo el puro azar pudo transformar una laringe muda en otra capaz de hablar. Por su parte, el científico partidario del Diseño inteligente se centraría más en estudiar los patrones que gobiernan el origen embrionario de la laringe humana y su desarrollo. Si la capacidad para hablar, propia de los humanos, es un sistema que fue concebido de manera inteligente debería haber un patrón detectable. Posiblemente existirían genes en las personas que controlarían dicha capacidad que no estarían presentes en los simios. ¿Cuál de las dos líneas de investigación sería la correcta?

Desde luego, si no existe diseño real en la naturaleza, las investigaciones del científico partidario del DI constituirían un freno para la ciencia. Pero si, por el contrario, el diseño es real, entonces resulta que el darwinismo sería la hipótesis previa que estaría frenando el avance del conocimiento científico. Y, por tanto, únicamente el estudio serio de ambas posibilidades podrá determinar cuál de las dos es la verdadera.

Suponer, como suele hacerse habitualmente, que el darwinismo es el único punto de vista adecuado para la ciencia, es reconocer abiertamente que el naturalismo metodológico es la única idea previa válida. Este método significa que la ciencia sólo debe buscar causas naturales en los fenómenos observados. Y tal idea implica que el diseño queda automáticamente descartado de cualquier investigación científica porque si Dios diseñó al principio, evidentemente lo hizo de forma sobrenatural. De manera que hoy un científico tiene que ser darwinista porque, si no lo es, se considera que tampoco es científico. Todo investigador debe rechazar de entrada la idea del diseño, si quiere seguir siendo respetado por sus colegas y ver que sus trabajos se continúan publicando en revistas de prestigio. ¿Es razonable semejante eliminación *a priori*? ¿Y si, después de todo, un Ser inteligente hubiera diseñado, tal como afirma la Biblia?

Aunque no todos lo admitan, es evidente que el darwinismo es también una postura que se fundamenta en la fe. Incluso la suposición «científica» de que todos los fenómenos observados en la naturaleza se deben siempre a causas naturales, se basa en la fe de los científicos que la profesan. Esta idea no ha sido descubierta a partir de la evidencia. Es algo que se acepta por fe. Por ejemplo, es interesante ver cómo reacciona el darwinismo cuando se enfrenta a un serio problema para su teoría, como es el de las importantes lagunas del registro fósil. El famoso paleontólogo evolucionista, Stephen Jay Gould, tuvo la honradez de reconocer dicho inconveniente de la falta de fósiles de transición y proponer la teoría de los equilibrios puntuados para explicarlo. Aunque, lo cierto es que su teoría crea más interrogantes de los que soluciona. No obstante, a excepción de Gould, el darwinismo nunca ha considerado que la ausencia de tales fósiles intermedios constituya un problema. Se «sabe» que deben estar ahí en alguna parte. Si no se han descubierto es porque no se ha buscado suficientemente, pero ya saldrán. Los ancestros y las transiciones necesarias tuvieron que existir, por tanto, es mejor ignorar la ausencia de evidencia fósil. Tenemos la obligación moral de perseverar en aquello que, a todas luces, resulta improbable para continuar protegiendo el darwinismo porque al final éste recompensará el esfuerzo de nuestra creencia. ¿No es esto fe ciega en el darwinismo? Se descarta de entrada al diseñador inteligente y se deposita la fe en los procesos azarosos de la propia naturaleza. El darwinismo cree que no existe tal diseñador o, cuanto menos, que resulta innecesario. Pero, este planteamiento naturalista, ¿no puede convertirse también en un freno para la ciencia?

Por su parte, el Diseño inteligente no niega que se haya dado la selección natural, lo que no acepta es que ésta elimine la necesidad del diseño. Tampoco afirma que la Tierra fuera creada en seis días literales, ni se refiere a la naturaleza del diseñador. Más bien, afirma que el cosmos está constituido por leyes, azar y diseño; que éste se puede detectar por medio de métodos estadísticos y que algunas características naturales, como la complejidad irreductible, demuestran claramente diseño. Hay que seguir la evidencia hasta donde nos lleve. ¿Y si ésta nos sugiere diseño? ¿Habrá que cambiar las bases metodológicas de la ciencia? El tiempo nos lo dirá.

La naturaleza del mal

El mundo en el que vivimos tiene muchas cosas buenas pero también está empapado de maldad. Es lógico que el ser humano se haya venido preguntando desde siempre acerca de la paradoja que supone la creencia en un Dios bondadoso y poderoso, frente a la cruel realidad del mal que evidencia la naturaleza. Richard Dawkins, se complace en constatar el mal natural como un poderoso argumento contra la realidad del Dios creador: «La selección natural es un proceso profundamente malvado. El mismo Darwin exclamó '¡Qué libro podría haber escrito el capellán del Diablo con las torpes, despilfarradoras y horriblemente crueles obras de la

Naturaleza!'. El problema es que la teoría de la selección natural parece calculada para fomentar el egoísmo a expensas del bien común; la violencia, la pertinaz indiferencia al sufrimiento, la avaricia a corto plazo a expensas de la previsión a largo plazo»[7]. ¿No habría podido Dios impedir todo este mal? Si ya conocía de antemano las consecuencias de la libertad humana, ¿a qué permitir tanto dolor? ¿Por qué no elegir otro método más en consonancia con su carácter bondadoso? La sola existencia de tanto sufrimiento, ¿acaso no constituye una prueba contundente contra la existencia de Dios?

Aunque la teoría del Diseño inteligente no acepta que la selección natural darwinista sea el principal motor de la creación, a pesar de todo, el diseño maligno sigue siendo una realidad natural del presente. Por tanto, todas estas preguntas anteriores cuestionarían a Dios si realmente fuésemos incapaces de crear una «teodicea». Es decir, una explicación de por qué el creador permite la existencia del mal en el mundo actual. Al margen de la revelación y la doctrina bíblica de la Caída –que complace a los creyentes–, creo que también es posible responder satisfactoriamente a tales cuestiones desde la sola razón humana. Pienso que debemos realizar el esfuerzo intelectual necesario para convencer a los no creyentes de la razonabilidad de la existencia de Dios, con el fin de que cada cual adopte libremente una decisión personal. La Biblia enseña que el mal entró en el mundo como consecuencia del pecado humano. La creación vio así drásticamente alterada su bondad primigenia y la muerte empezó a formar parte de la vida. ¿Es posible expresar este misterio del mal en términos más próximos a la mentalidad racional de hoy?

Hay dos clases de mal en el mundo. El llamado «mal moral» sería aquel que realizan deliberadamente las personas o se desprende de sus acciones cuando éstas no son correctas. Mientras que suele considerarse «mal natural o físico» a todo daño o perjuicio que no ha sido causado por el ser humano. Entran dentro de esta segunda categoría los desastres naturales, accidentes, enfermedades, así como la propia crueldad que se detecta en la naturaleza.

Este tema ha sido minuciosamente estudiado por algunos pensadores, como el filósofo inglés, Richard Swinburne, que fue profesor de la universidad de Oxford hasta su jubilación en 2002. Que yo sepa, tres de sus obras han sido traducidas al castellano y constituyen una verdadera delicia para quien gusta reflexionar acerca de la existencia de Dios. Se trata de *Fe y Razón* (1981), *¿Hay un Dios?* (1996) y *La existencia de Dios* (2004)[8]. Estos excelentes trabajos me han servido de inspiración para el presente artículo.

---

7. Citado en Hahn, S. y Wiker, B., *Dawkins en observación*, Rialp, Madrid 2011, p. 163.
8. Swinburne, R., *Fe y Razón*, San Esteban, Salamanca 2012; Id., *¿Hay un Dios?*, Sígueme, Salamanca 2012; Id., *La existencia de Dios*, San Esteban, Salamanca 2011.

Creo que el meollo de la teodicea es la defensa de la libertad humana. Supone un gran bien para las personas el hecho de poder elegir libre y responsablemente. Si no tuviésemos esta capacidad de libre albedrío no seríamos realmente humanos. Pero, a la vez, al poseerla estamos abocados a la posibilidad del mal moral. Dios no puede crearnos como seres libres y al mismo tiempo obligarnos a que siempre utilicemos nuestra libertad correctamente. Hacer hombres y mujeres libres significa asumir el riesgo de que se equivoquen. El de que sean capaces de tomar decisiones importantes entre el bien y el mal que no siempre serán acertadas. Y que tales decisiones no sólo tengan efectos sobre ellos mismos, sino también sobre otras personas y sobre la naturaleza. Dios no puede dar cosas buenas al ser humano sin permitir, a la vez, algunas cosas malas. La libertad del hombre es buena pero sus consecuencias no siempre lo son.

A parte de esto, ¿hay algo positivo para la humanidad en la existencia del mal natural? En primer lugar, *el mal que observamos en la naturaleza nos proporciona conocimiento que puede sernos muy valioso.* Por ejemplo, cuando un médico descubre cómo evolucionan y se multiplican las células en un determinado tumor maligno, adquiere el poder para impedirlo, curar al paciente y evitar que nadie más muera de ese tipo de cáncer. Pero, su libertad de decisión, también le permite guardarse para sí, o para su propia clínica, tal conocimiento y curar sólo a aquellos pacientes que puedan pagarse el tratamiento. Incluso, aunque descubra las causas naturales que provocan dicho mal, puede dejar de manera negligente que otros sigan expuestos a ellas y contraigan así la enfermedad o llegar al extremo de vender sus hallazgos a cualquier ejército o grupo terrorista, como armas biológicas susceptibles de producir tumores malignos al enemigo. Estudiar el mal en la naturaleza le abre al ser humano un amplio abanico de decisiones y posibilidades. De esta manera aprendemos a provocar el bien pero también el mal.

¿No podría Dios revelarnos al oído la opción correcta en cada caso y así nos evitaríamos las malas consecuencias de nuestras equivocaciones? Desde luego que podría hacerlo, puesto que es Dios. Sin embargo, si lo hiciera continuamente estaría coartando nuestra libertad de decisión, nuestra responsabilidad directa, y dejaríamos inmediatamente de ser humanos. Seríamos como computadoras programadas. Por tanto, sólo los procesos naturales sometidos al mal nos confieren el conocimiento necesario acerca de los efectos de nuestras acciones, sin menoscabar para nada la libertad que nos caracteriza. Si somos libres, el mal tiene que ser una opción para nosotros, y esto nos confiere responsabilidad delante de Dios, las demás personas y la naturaleza. No estoy diciendo que el mal sea algo bueno. No lo es. Pero nos proporciona el entendimiento imprescindible que nos hace humanos.

Además de conocimiento, *el mal natural le otorga libertad al hombre ya que le permite elegir entre diferentes respuestas*. Veamos otra ilustración. Pensemos en una persona que padece fibromialgia, esa enfermedad crónica caracterizada por el dolor músculo-esquelético generalizado sin alteraciones orgánicas aparentes. El dolor que sufre, aunque en sí mismo es un mal, le capacita para resignarse y soportarlo con paciencia, o bien lamentar de por vida su mala suerte. De la misma manera, cualquier familiar o amigo de esta persona puede elegir entre mostrarse compasivo con ella o indiferente e insensible hacia su dolor. El mal de esta enfermedad hace posible todas estas decisiones humanas libres que, de otro modo, no se darían. Nada garantiza que tales decisiones vayan a ser moralmente correctas, pero el dolor abre la posibilidad de llevar a cabo buenas acciones. Si decido sufrir pacientemente, mi amigo puede elegir consolarme con cariño o burlarse de mí, como hicieron los amigos de Job. Si, por el contrario, me lamento siempre del mal que me aqueja, mis compañeros pueden demostrar con su actitud lo buena que es la paciencia, o cansarse de mis continuas quejas y abandonarme. El mal natural abre la posibilidad de llevar a cabo múltiples acciones que pueden permitirnos dar lo mejor de nosotros mismos. Podría decirse que en la oscuridad generada por el mal puede brillar radiante la luz del bien.

A pesar de todo, ¿tiene Dios derecho a permitir el mal natural? Dios es Dios y puede hacer lo que quiera. No obstante, es lógico pensar que tiene la potestad de permitir el mal hasta un cierto límite. Es una tontería concebir un Dios que se complace en multiplicar los males naturales del mundo para conceder a los mortales la posibilidad de ser héroes morales. Sin embargo, Dios permite al hombre alguna oportunidad para que éste demuestre que es capaz de actuar honestamente. ¿Por qué? Pues porque esto posibilita nuestro desarrollo personal y supone un claro beneficio para nosotros mismos. En general, los males físicos hacen posible el conocimiento necesario para poder elegir entre el bien y el mal con sabiduría. También nos ofrecen la oportunidad de realizar valiosas empresas morales.

Si dejamos por un momento de lado al ser humano y nos fijamos en el resto de la creación, ¿cómo explicar el sufrimiento de los animales que carecen de la libertad responsable propia del hombre? Los creacionistas que asumen la literalidad de Génesis creen que la muerte no pudo existir antes de la Caída. Desde esta perspectiva, el ser humano, los animales y el resto de la naturaleza empezarían a experimentar las consecuencias del mal de forma simultánea. Por su parte, los evolucionistas cristianos suponen que los animales llevaban mucho tiempo sufriendo antes de que apareciera el hombre en la Tierra. La muerte animal sería por tanto anterior a la rebeldía humana. La cantidad de tiempo de tales padecimientos dependería en cada especie no sólo de su posición filogenética, en la hipotética escala evolutiva, sino sobre todo del grado de consciencia alcanzado.

Aquí habría que tener en cuenta que, si bien se puede considerar que los animales superiores sufren, es poco probable que los inferiores lo hagan en la misma medida que las personas. Si el dolor y el sufrimiento dependen de la complejidad cerebral y de su interacción con otras partes del cuerpo, se podría concluir que la inmensa mayoría de los organismos en la naturaleza, es decir, los seres inferiores no sufren prácticamente nada. A diferencia de ellos, las personas sufrimos mucho y experimentamos el dolor de manera intensa. Mientras que los organismos que presentan una complejidad intermedia sufren moderadamente. Por lo tanto, la teodicea que intente explicar el sufrimiento animal no tiene por qué ser tan potente como aquella que se centra en el dolor humano. Algunas respuestas pueden valer para las dos.

Los animales poseen conductas intencionales que pueden ser realmente significativas y valiosas. Buscar pareja, construir nidos, cuidar y alimentar a la prole, huir de los depredadores, explorar el territorio para conseguir alimento, etc. Todo este comportamiento implica riesgo, fatiga, dolor y peligro. La acción heroica de rescatar a las crías frente a un incendio no puede darse, a menos que el peligro o el mal real exista. Es cierto que los animales no eligen llevar a cabo estos actos pero, a pesar de eso, estas acciones valen la pena. Es hermoso y noble, por ejemplo, que las águilas den de comer a sus pollos antes de alimentarse ellas mismas. Es heroica la capacidad que poseen otras aves, como el alcaraván, para plantar cara a depredadores mucho más grandes y poderosos que ellas, alejándoles del nido con el fin de proteger a sus crías. La zoología es capaz de ofrecer miles de ejemplos similares de altruismo animal. Todo esto, aunque implique sufrimiento, proporciona también valor a la vida de los animales.

Si pudiéramos preguntar a cualquier organismo, que todavía no ha nacido, si desea nacer a pesar del sufrimiento que experimentará a lo largo de su vida, y vivirla de todos modos, ¿qué nos diría? ¿Cuál sería la respuesta si nos hacemos nosotros mismos esta pregunta? Si antes de nacer, Dios me hubiera susurrado al oído cómo era el mundo, o me hubiera hablado acerca de los dolores y sufrimientos que experimentaría en él, pero también de la alegría de conocer a otras personas y de que, a través de mí, otros llegarían a existir, a reír y experimentar lo mismo que yo, sin dudarlo un segundo le habría respondido positivamente: ¡Sí Señor, a pesar del mal, yo quiero nacer y vivir la vida que me regalas! Quizás otros dirían que preferirían no haber nacido, como se planteó Job. Aunque es posible que lo hicieran en un arrebato de amargura y luego se arrepintieran, como también le ocurrió a aquél hombre justo del Antiguo Testamento.

Es posible que alguien acepte la posibilidad de la existencia de un Dios bondadoso que permita el mal con el fin de que los seres humanos podamos ser libres, pero con una condición. La de ofrecernos también una vida feliz después de la muerte natural. ¿Existe alguna razón capaz de sustentar semejante teodicea? El cristianismo sostiene precisamente este argumento. Su razón se llama Jesucristo. Dios ha creado dos mundos diferentes: el presente y el venidero. Si aquí algunas personas deciden negarse a sí mismas y rechazar ciertos bienes por amor a Cristo, en el más allá jamás podrán rechazar el sumo bien. El mal de la naturaleza actual sigue siendo malo pero es menos malo, y más comprensible, desde la teodicea de Jesús.

CAPÍTULO 2
Relaciones entre ciencia y creencia

La ciencia no puede imponer ninguna cosmovisión o creencia ideológica sobre aquello que no es materialmente experimentable, pero sí permite deducir inteligencia e información sofisticada en las leyes que rigen el cosmos, así como en la estructura íntima de la materia y los seres vivos. Por ejemplo, la teoría del Diseño inteligente propone que las causas naturales por sí solas no pueden explicar la complejidad que muestran ciertas estructuras y funciones de los seres vivos. Acepta, sin embargo, que muchas otras características de la naturaleza han podido originarse mediante el concurso de la selección natural actuando sobre las variaciones al azar, pero niega que la realidad de tal selección elimine la necesidad del diseño. ¿Es posible poner a prueba el Diseño inteligente?

Para que una teoría se considere científica es necesario que sus predicciones puedan ser puestas a prueba. Si resulta que éstas no se cumplen en la realidad, la teoría debe considerarse falsa. Pero si lo hacen, y consiguen superar el filtro de la «falsación» sugerido por Karl Popper, entonces la teoría en cuestión es científica. Como es sabido, este famoso filósofo de la ciencia, que se educó en Viena a principios del siglo XX, vivió con intensidad las discusiones intelectuales de su época en torno a dos grandes temas. Uno procedente de la psicología –el psicoanálisis de Freud– y el otro de la política –la lucha de clases de Marx–. Después de escuchar a proponentes y detractores de cada una de estas «teorías científicas», Popper llegó a la conclusión de estar perdiendo el tiempo. Quienes defendían el psicoanálisis, a pesar de su falta de evidencia, atacaban a los oponentes arguyendo que éstos necesitaban ayuda mental. Por su parte, los que criticaban la teoría económica de Marx eran tildados de burgueses orgullosos e incompetentes. ¿Acaso no había manera de comprobar la veracidad de una teoría?

Fue precisamente una conferencia de Albert Einstein lo que le proporcionó a Popper la respuesta. Después de exponer su teoría de la relatividad general, Einstein no se centró en las evidencias que la apoyaban, sino en todo lo contrario. Señaló aquello que, en caso de encontrarse, demostraría sin lugar a dudas que su teoría era falsa. Esta era la diferencia fundamental entre la teoría del gran físico y las de Freud o Marx. Para saber si una teoría es verdaderamente científica no basta con aportar evidencias que la confirmen, es menester también definir un factor clave que, suponiendo que se diera, sería capaz de refutarla por completo. Popper descubrió que esta cualidad de ser rebatibles caracterizaba las teorías genuinas de la ciencia. Una teoría que no presente ningún factor clave capaz de falsearla o rebatirla no puede considerarse científica. Podría tratarse, por el contrario, de una teoría metafísica. Por eso, el psicoanálisis y las teorías económicas de Marx sucumbieron al paso de los años, mientras la teoría de la relatividad general continua explicando la física del universo.

Popper se dio cuenta en seguida que, según este criterio de la «falsación», el darwinismo no era tampoco una teoría científica porque no se podía poner a prueba. Es decir, no era contrastable[1]. Y aunque él reconocía las aportaciones positivas de la selección natural al conocimiento científico, concluyó que también se trataba, en realidad, de una teoría metafísica, pues sus predicciones estaban por encima del poder demostrativo de la ciencia. En efecto, cuando el darwinismo afirma que algo pudo haber ocurrido de tal o cual forma, dicha afirmación no constituye una prueba. Únicamente traslada una hipótesis desde el ámbito de la especulación infundada al de la especulación fundamentada en algún dato concreto. Desde luego, podría haber sido así, pero dicha posibilidad no es en sí misma una demostración irrefutable. Desafortunadamente, con demasiada frecuencia, el darwinismo supone que al poder identificar una determinada forma, estructura o función, aunque ésta sea improbable, toda su especulativa historia evolutiva queda confirmada. Sin embargo, esto no resuelve el problema. Simplemente se trata de una posible explicación que necesita ser evaluada frente a otras interpretaciones.

Los estudios que procuran reconstruir la historia natural suelen tropezar frecuentemente con la pobreza de documentación que sería necesaria para llevarlos a cabo de manera apropiada. Esta escasez de datos genera cierta tendencia perniciosa a recurrir a las grandes teorías, como el darwinismo, y verlas como si fueran leyes de la naturaleza que lo explican todo. Esto hace que muchas interpretaciones que pasan por ser científicas estén constituidas, en realidad, por una parte científica, pero también por otra mucho más especulativa. Aparecen así justificaciones de todo tipo al estilo de, por ejemplo, «es imposible observar los mecanismos propuestos por el darwinismo ya que ocurren lentamente a lo largo de millones de años»; «el registro fósil no muestra las transiciones necesarias pues es pobre e incompleto»; aunque no sea un buen ejemplo, pues se demostró falso, «el rápido cambio en las famosas polillas del abedul podría ayudar a los escolares a entender el darwinismo»; etc.

1. Popper, K. R., *Búsqueda sin término*, Tecnos, Madrid 1977, pp. 230-232.

Una de las críticas que suele hacerse al diseño inteligente es que no es tampoco una teoría que pueda ponerse a prueba. En opinión de sus detractores, al no hacer predicciones que puedan comprobarse no sería una teoría científica. ¿Se trata quizá de otra teoría metafísica como el darwinismo?

La respuesta es negativa. El diseño inteligente que evidencia el cosmos, a diferencia del darwinismo, sí puede ponerse a prueba. Por ejemplo, si alguien fuera capaz de demostrar «detalladamente» que cualquier sistema irreductiblemente complejo –como los muchos que propone el biólogo Michael Behe– se ha podido formar sólo mediante el azar y la casualidad, entonces el diseño inteligente habría sido refutado. El secreto está en la palabra «detalladamente». No vale aquí decir, por ejemplo, que una determinada estructura que actualmente forma parte de un órgano irreductiblemente complejo –como el ojo, la coagulación sanguínea o el flagelo bacteriano, etc.– y que, por tanto, cumple una función específica en la célula de un ser vivo, podía cumplir otra función distinta en el pasado. Hay que demostrar también que las miles de estructuras y funciones, así como los genes encargados de controlarlas, que acompañan a dicho ejemplo en cuestión, formaron parte también de otras cosas diferentes y que paulatinamente fueron cambiando al azar hasta convertirse en lo que ahora son. ¿Sirvieron todas las moléculas y células de un ojo para otras funciones ajenas a la visión? ¿Se transformaron gradualmente gracias a la selección natural en lo que son hoy? ¿Es posible demostrar «detalladamente» algo así? Si alguien lo hiciera habría acabado para siempre con la teoría del diseño inteligente.

A diferencia del darwinismo, el diseño inteligente es experimentable. Es decir, se puede poner a prueba y ver si es falso o no. Cualquier investigador que demuestre que los sistemas irreductiblemente complejos no existen, o que se han originado al azar, habrá rebatido por completo la teoría. Pero si esto no se consigue, si determinadas estructuras de los organismos se empeñan en evidenciar diseño real, entonces resulta que es el darwinismo el que queda cuestionado.

A veces, algunos biólogos afirman que la teoría de Darwin está tan sólidamente establecida como la teoría de la relatividad general de Einstein. Sin embargo, ¿cuántos físicos están dispuestos a decir lo mismo?

¿Por qué es posible la Ciencia?

Hay una nueva forma de acercarse a la existencia de Dios que los militantes del Nuevo ateísmo no han tenido en cuenta. Se trata del *argumento de la inteligibilidad*. Se dice que algo es inteligible cuando puede ser entendido por el ser humano. No es un argumento breve ni fácil de deducir. De hecho, ha aparecido recientemente después de reflexionar sobre la gran cantidad de pruebas acumuladas durante las últimas décadas. La mayor parte de las disciplinas científicas, desde la física cuántica hasta la cosmología, pasando por la química, la biología e incluso la historia de la ciencia, han confluido precisamente en esta cuestión de la inteligibilidad del universo. ¿Por qué es posible entender el mundo?

Este tema ha sido tratado en profundidad fundamentalmente en dos obras publicadas en el 2006: *A Meaningful World: How the Arts and Sciences Reveal the Genius of Nature* (*Un mundo con sentido: Cómo las artes y las ciencias revelan el genio de la naturaleza*), de Benjamin Wiker y Jonathan Witt; y la segunda, de la que existe traducción, *El planeta privilegiado: Cómo nuestro lugar en el cosmos está diseñado para el descubrimiento*, de Guillermo González y Jay W. Richards[2]. Ambos libros se plantean la cuestión de por qué resulta posible hacer ciencia. Si la naturaleza fuese el producto del azar ciego, como propone el darwinismo materialista, la capacidad humana para comprender el mundo sería difícil de explicar. Quizá, en algún momento improbable, hubiera podido suceder que la inteligencia del investigador alcanzase por puro azar un determinado progreso y descubriera un secreto del mundo natural. Tal circunstancia sería un gran golpe de suerte en un universo que, al haber evolucionado por casualidad, no tendría por qué ser inteligible para el hombre.

Sin embargo, no es esto ni mucho menos lo que se puede observar. Aquello que refleja la naturaleza es, más bien, todo lo contrario. Un escenario completamente abierto a la búsqueda racional e interconectado a varios niveles. El mundo se muestra a un nivel de abstracción mucho mayor que el que permitiría el simple aumento de la supervivencia producido por la selección natural darwinista. Esta característica general del mundo natural, de permitir su estudio, es precisamente lo que ha hecho progresar la ciencia humana. Tal realidad conduce a la conclusión de que la naturaleza parece estar diseñada pedagógicamente. Es como si los misterios del cosmos desearan que los seres humanos llegasen a comprenderlos. Un diseño, no sólo inteligente, sino también educativo, realizado con el fin de que pudiéramos entender el gran libro de la naturaleza. Hay una correspondencia misteriosa y profunda entre el espíritu investigador del hombre y las estructuras racionales que imperan en el universo. Un paralelismo entre la mente y la realidad material que domina en cada nivel de la naturaleza. Y esta correspondencia no es algo inventado por el propio ser humano, sino que viene dada ya en el mundo natural.

Veamos un ejemplo que puede ilustrar todo esto. Se trata de las matemáticas. Por la historia sabemos que las llamadas ciencias exactas surgieron

---

2. González, G. y Richards, J. W., *El planeta privilegiado: Cómo nuestro lugar en el cosmos está diseñado para el descubrimiento*, Palabra, Madrid 2006.

en Babilonia y Egipto con el fin de solucionar problemas eminentemente prácticos. No obstante, pronto progresaron y empezaron a producir principios, teoremas o postulados teóricos de gran belleza matemática, pero sin ninguna aplicación en la realidad. Construcciones numéricas asombrosas y abstractas que carecían de cualquier utilidad previsible. Conceptos exactos que solamente existían en la mente humana. Los famosos *Elementos* de Euclides están repletos de semejantes maravillas de la abstracción geométrica y matemática que no encontraron jamás ninguna aplicación práctica. ¿Cómo explicar mediante el darwinismo esta capacidad intelectual humana que excede con mucho el beneficio obtenido?

No obstante, no es esta la única cuestión a la que debe responder la visión atea de la evolución de la inteligencia, como la que defienden Richard Dawkins y sus correligionarios. Hay otro asunto que resulta aún más sorprendente. Se trata del hecho de que las antiguas abstracciones matemáticas de Euclides, sin utilidad práctica en su época, se convirtieran después en la base de los más grandes descubrimientos científicos modernos. ¿Cómo pudo ocurrir esto? Pues, porque había una profunda correlación entre aquellos antiguos razonamientos matemáticos y la propia naturaleza. La utilización que hizo Newton de los *Elementos* de Euclides permitió numerosos hallazgos científicos posteriores, como los que provocó la teoría de la relatividad de Einstein. Lo extraordinario es que la correlación entre la geometría y el universo no ocurrió sólo en un determinado nivel, sino que generó muchas revelaciones a niveles diferentes y en áreas que van desde la física y la astronomía a la química.

Ahora bien, si el mundo se hubiese formado mediante el azar darwinista, ¿cómo es posible que el conocimiento matemático abstracto de Euclides condujera a tantos descubrimientos científicos dos mil años después? ¿Por qué desarrolló la mente humana unas capacidades que no le suponían ningún beneficio inmediato? ¿Cómo es que la evolución se permitió la extravagancia de conceder una habilidad que sólo sería útil dos milenios después? ¿Acaso el darwinismo gradualista es inteligente y previsor? ¿Es posible que el universo haya evolucionado durante miles de millones de años, mediante leyes y relaciones matemáticamente precisas, cuando de hecho hemos descubierto las matemáticas hace tan sólo unos pocos milenios?

Dawkins apela siempre al azar para sustituir la evidente necesidad de una inteligencia previa que lo haya diseñado todo. Dice que, aunque los seres naturales dan la fuerte impresión de haber sido diseñados, en realidad, las únicas fuerzas creadoras habrían sido sólo las mutaciones aleatorias junto con la selección acumulativa. Sin embargo, de lo que se trata aquí no es de animales o plantas que tengan «apariencia» de haber sido diseñados, sino de la inteligibilidad que muestra toda la naturaleza. El hecho que subyace detrás del cosmos y que hace posible la existencia de toda investigación científica. Algo que es anterior a la ciencia y la sustenta por completo. Una cuestión para la que el darwinismo ateo de Dawkins carece de respuesta.

No es posible evitar este problema diciendo que fueron las leyes de la naturaleza las que gestaron el desarrollo de la inteligencia necesaria para llegar a entender a las propias leyes que la crearon. El hecho extraordinario que debe ser explicado es sencillamente que haya leyes inteligibles. Es decir, que la naturaleza venga empaquetada de tal manera que nos permita avanzar en su conocimiento mediante fórmulas o principios matemáticos generales. Lo realmente importante no es aquello que puede haber evolucionado, como el cerebro del ser humano, sino aquello que no es susceptible de evolución, como las leyes de la naturaleza y sus aspectos abióticos inteligibles.

Otra confusión que se debe evitar es la de pensar que las leyes pueden sustituir a Dios como causa final. Las leyes naturales no pueden ser la causa de nada. No hay que entender las leyes físicas como si existieran en una especie de reino metafísico y causaran todo lo que existe en el cosmos. Las leyes no son dioses creadores sino regularidades precisas. Desde la pura física, el hecho de que la naturaleza venga conformada y determinada por principios matemáticos elegantes es algo que no ha podido ser explicado. ¿No es más lógico suponer que si la naturaleza se acomoda perfectamente a estas elegantes fórmulas matemáticas, es porque está construida inteligentemente? El hecho de que la naturaleza esté elaborada de manera inteligente, y no al azar, se evidencia en que muchos aspectos de su inteligibilidad pueden representarse perfectamente por medio de las matemáticas.

Todo esto contradice que la evolución pueda ser el origen de la inteligencia. La característica fundamental que muestra el mundo natural de ser entendido por la mente humana (inteligibilidad) no puede ser el producto del darwinismo porque es anterior a cualquier proceso de evolución biológica. Y, por otro lado, la capacidad del hombre para captar esta inteligibilidad de la naturaleza, excede por completo cualquier explicación reduccionista de la evolución de la inteligencia. ¿Por qué se deja el universo comprender por la mente del hombre? La relación de compatibilidad entre la mente del ser humano y el mundo permite sospechar que ambas realidades fueron diseñadas por la misma inteligencia creadora. El hecho mismo de que exista la ciencia parece demostrar la existencia de un Creador inteligente.

Resulta misterioso que ciertas ecuaciones, matemáticamente bellas y elegantes, sean con frecuencia las que produzcan los mayores avances científicos. Esto podría sugerir que la naturaleza presenta una fuerte tendencia a la elegancia. Si la belleza conduce a la verdad y la verdad es que la naturaleza es inteligible, llegamos a la conclusión de que el universo demanda un Dios sabio que ama la belleza y la verdad.

Leyes que demandan Legislador

Se supone que cuando las primeras civilizaciones humanas empezaron a preguntarse acerca de los fenómenos naturales que ocurrían a su alrededor, la imagen que tenían del mundo era bastante diferente de la que poseemos hoy. Se cree que pronto se darían cuenta de que algunos acontecimientos se repetían con una regularidad muy precisa. Así, días, estaciones, años, fases lunares y movimientos de las estrellas les resultarían útiles para calcular el tiempo. Sin embargo, otros eventos naturales podían ser arbitrarios o aleatorios como las tormentas, los relámpagos, las erupciones volcánicas o los temblores de tierra. ¿Cómo podían explicar semejante aspecto ambivalente del mundo natural?

Es fácil entender que aquellos comportamientos regulares que les permitían predecir el futuro, fuesen considerados como benevolentes y les inspirasen un aspecto bondadoso de la naturaleza, mientras que los fenómenos violentos e inesperados se entendieran como la otra cara airada, agresiva o caprichosa del mundo. En este contexto antiguo de intentar reflejar características humanas en los fenómenos del medio ambiente natural, nacería seguramente la astrología. La creencia de que los astros formaban un único sistema con los mortales y que, por tanto, cualquier cambio en éstos debería tener repercusiones sobre la vida de los hombres. Algo que supuestamente podía ser empleado para predecir el futuro de la humanidad.

En ciertas sociedades florecieron los animismos que interpretaron estos diferentes comportamientos de la naturaleza como si se tratasen de auténticas personalidades. Cada fenómeno poseería así su particular espíritu: el del bosque, el río, la lluvia, el fuego o el jaguar. Otras culturas algo más complejas desarrollaron toda una jerarquía de dioses, que reflejaban las virtudes y defectos humanos, para representar el Sol, la Luna, los planetas y hasta la propia Tierra. Esto condujo a la despiadada práctica de los sacrificios de personas, realizados con la intención de apaciguar la ira de los dioses y pedirles lluvia, fertilidad o buenas cosechas. La Biblia muestra las dificultades de un pueblo monoteísta, como el de Israel, por abrirse camino en medio de culturas politeístas que asumían tales costumbres.

Según los historiadores, con los asentamientos urbanos, la vida en sociedad y la aparición de los estados naturales surgió la necesidad de crear estrictos códigos de leyes que regularan la conducta humana. Incluso las divinidades tenían que estar sometidas a las leyes, en función de cada jerarquía, y éstas debían tener también su reflejo en la sociedad humana. Eran los sacerdotes, intermediarios entre dioses y hombres, los encargados de revelar la voluntad divina así como de refrendar sus disposiciones. Pero fue precisamente en el seno de una civilización antigua como la griega, que poseía la convicción de que el universo estaba regido por leyes naturales, donde surgió la novedosa idea de que los fenómenos ocurrían independientemente del estado de ánimo de los dioses. Poco a poco, a medida que fue fortaleciéndose la idea de que el cosmos se desenvolvía según un conjunto de principios fijos e inviolables, el dominio de espíritus y dioses de la naturaleza fue erosionándose a la vez que se descubrían nuevas leyes.

Los trabajos de Galileo Galilei, Johannes Kepler, Isaac Newton y otros investigadores fueron decisivos para reforzar el papel de las leyes físicas. Se entendió que detrás de los fenómenos aparentemente complejos había casi siempre una norma simple que podía ser estudiada y comprendida por el ser humano. Tal creencia en la simplicidad fundamental de la aparente complejidad que muestra el universo, así como en la posibilidad de ser entendida por la razón humana, ha sido la fuerza impulsora de la investigación científica moderna.

Galileo, por ejemplo, estudiando la caída libre de los cuerpos, se dio cuenta de que a pesar de ser un fenómeno complejo que dependía de múltiples factores, tales como el peso, la masa, la forma del objeto, el movimiento, la velocidad del viento, la densidad del aire, etc., en el fondo, todo esto eran solamente incidentes de una ley muy simple. Se trataba de la ley fundamental de la caída de los cuerpos. Es decir, el tiempo que tarda un objeto cualquiera en caer desde una determinada altura es exactamente proporcional a la raíz cuadrada de dicha altura. La idea de ley se había revestido con lenguaje matemático. La antigua creencia en un espíritu que se dedicaba exclusivamente a controlar la caída de los cuerpos sería sustituida pronto por las fórmulas físicas demostrables. Había nacido la ciencia. Se trataba de la Revolución científica del siglo XVI. El comportamiento futuro del mundo, así como su pasado, se podían conocer o predecir por medio de precisas leyes matemáticas.

A mediados del siglo XVII, Newton fue aún más lejos que Galileo al elaborar un sistema global de mecánica que determinaba todo tipo de movimientos. Se aventuró a decir que el Sol y los demás cuerpos del universo experimentan una fuerza gravitatoria entre ellos que disminuye con la distancia según otra ley matemática exacta y sencilla. Se trataba de la famosa ley de la gravitación universal. Al matematizar la gravedad, Newton pudo empezar a predecir el comportamiento de los planetas y esto fue uno de los grandes triunfos de la ciencia moderna. El descubrimiento de otra ley fundamental del universo. Quizá esta revolución científica explicaría en parte la diferencia sociológica existente entre el mundo moderno, caracterizado sobre todo por la idea de progreso, avance y cambio permanente, frente al mundo premoderno más estático y preocupado ante todo por mantener sus costumbres o su inmovilidad cultural. De cualquier manera, la sociedad se volvió dinámica y empezó a pretender el control sobre la naturaleza por medio de la nueva mecánica.

Aquella antigua concepción del mundo, como si fuera una comunidad de espíritus o temperamentos variables que existían en equilibrio manifestando eventualmente sus caprichosos estados de ánimo, dejaría paso a la visión inanimada de un universo mecánico y rígido que funcionaba impasiblemente como un reloj de cuerda sometido a leyes predeterminadas. Aunque se tratase de un avance en la comprensión del cosmos, tal concepción mecanicista resultaba un tanto deprimente. Un mecanismo de relojería condicionado por rígidas leyes puede funcionar con exactitud, pero lamentablemente elimina la posibilidad del libre albedrío. Si el mundo está absolutamente predeterminado por sus leyes inexorables, ¿está también el futuro del hombre determinado de antemano hasta en sus últimos detalles? ¿Son nuestras decisiones, aparentemente libres, el resultado de una maraña de fuerzas naturales totalmente controladas desde el principio? También la concepción de un Dios que se inmiscuía en los asuntos humanos supervisándolo todo, desde las fases lunares hasta las enfermedades y la concepción de los bebés, fue cambiada por otra idea de Dios como creador del cosmos, pero que sólo intervenía observando el mundo y viendo cómo éste evolucionaba según las leyes exactas impuestas desde el principio.

La ciencia actual ha descubierto, después de la teoría cuántica, que las leyes de Newton fallan cuando se aplican estrictamente a los átomos. El ordenado determinismo del mundo macroscópico, al que estamos acostumbrados en nuestra experiencia cotidiana, se derrumba ante el aparente caos que subyace en el interior del átomo. Y, a pesar de todo, este caos subatómico puede dar lugar a alguna clase de orden. La anarquía de las partículas que componen la estructura atómica vuelve a ser coherente, en cierta medida, con las leyes newtonianas. El universo, después de todo, no es un simple mecanismo de relojería cuyo futuro está absolutamente determinado. Hay lugar para las leyes inexorables pero también para el azar. La incertidumbre es otra propiedad inherente de la materia. Y, aunque esto no le gustara mucho a Einstein y dijera aquello de que «Dios no juega a los dados», lo cierto es que el Creador no sólo diseñó leyes matemáticas, sino también la libertad indeterminista.

En resumen, ¿quién escribió las leyes de la naturaleza que se han venido descubriendo desde Newton hasta las del caos? ¿Por qué hay regularidades universales, matemáticamente precisas, que están entrelazadas unas con otras? ¿Cómo es que la naturaleza viene empaquetada de esta manera tan singular? Los científicos ateos dicen que las leyes existen porque sí y que el universo carece de sentido.

No obstante, grandes genios de la ciencia a lo largo de la historia no han estado de acuerdo con semejante respuesta. Desde Newton hasta Einstein, pasando por Werner Heisenberg, Erwin Schrödinger, Max Planck, Paul Dirac, Paul Davies, John Barrow, John Polkinghorne, Freeman Dyson, Francis Collins, Owen Gingerich, Roger Penrose y otros muchos, han creído que existía otra alternativa. Sus respuestas apuntan generalmente hacia la mente del Dios creador. Incluso el físico agnóstico, Stephen Hawking, heredero de la cátedra de Newton en la Universidad de Cambridge, no tuvo más remedio que terminar su libro, *Historia del tiempo*, con estas palabras: «Si encontramos una respuesta a esto (*una teoría completa acerca del tiempo*), sería el triunfo definitivo de la razón humana, porque entonces conoceríamos el pensamiento de Dios»[3]. Pues bien, nosotros creemos también que el universo existe porque el pensamiento de Dios lo creó. Las leyes universales demandan la existencia del supremo Legislador cósmico. Y, como bien dice Antony Flew: «Las leyes de la naturaleza suponen un problema para los ateos porque son una voz de la racionalidad escuchada a través de los mecanismos de la materia»[4]. ¿Qué otra explicación puede haber al misterio de la inteligencia que muestra la materia?

Dios y el Diseño inteligente

La afirmación de que la vida, y en general el cosmos, fueron diseñados por un agente inteligente puede turbar al ser humano contemporáneo, educado desde la enseñanza primaria en la creencia de que todo deriva de las simples leyes naturales. Sin embargo, el desarrollo de la ciencia durante las últimas décadas constituye un avance progresivo en esa dirección. De la misma manera que en la Edad Media la humanidad tuvo que acostumbrarse a pensar que la Tierra se movía alrededor del Sol, a pesar de que nadie podía ver ningún movimiento de rotación ni traslación, probablemente el siglo XXI impondrá también la idea de un diseño inteligente de la vida y el universo.

Otra cosa distinta ocurrirá con la naturaleza del diseñador. Aquí no habrá acuerdo. En efecto, ante la cuestión: ¿qué idea de Dios transmite el Diseño inteligente (DI)? Hay que responder simplemente que ninguna. Por su propia naturaleza, que pretende seguir la evidencia empírica,

3. Hawkin, S. W., *Historia del tiempo*, Crítica, Barcelona 1988, p. 224.
4. Flew, A., *Dios existe*, Trotta, Madrid 2012, p. 101.

esta teoría es incapaz de definir las características de la inteligencia que evidencia la vida.

Está claro que, para quienes creemos en el Dios de la Biblia, resultará fácil transferir sus atributos al diseñador inteligente que sugiere la ciencia. No obstante, quienes no aceptan la existencia del Dios judeocristiano probablemente propondrán otras explicaciones a la realidad del diseño. Aunque no hay demasiados sustitutos, se han sugerido los siguientes: que la inteligencia provenga de los extraterrestres; de un enigmático principio auto-organizador del universo; que los entes vivos sean inteligentes en sí mismos; entender la biosfera como un todo (Gaia, la Diosa Tierra) que pudiera ser inteligente y actuara como un único organismo, etc. Todas estas posibilidades pueden estar interrelacionadas o ser la misma. La ciencia no tiene aquí la última palabra y debe ceder ante las explicaciones de la teología o de la especulación filosófica más o menos fundamentada.

Uno de los famosos descubridores de la estructura helicoidal del ADN, el doctor Francis Crick, propuso su conocida teoría de la panspermia. En su opinión, la vida habría sido sembrada en la Tierra por parte de alguna civilización inteligente procedente del espacio exterior. Aunque tal planteamiento no resuelve el problema del origen de dicha hipotética civilización, sí asume parte de la premisa fundamental del DI. Es decir, que la vida muestra diseño, aunque éste no sea perfecto. Crick abre así la puerta a la posibilidad de diseñadores inteligentes pero capaces de cometer errores. Alienígenas del espacio que no tienen por qué ser moralmente superiores a nosotros. Exportadores de una sofisticada tecnología que puede responder a motivaciones altruistas o quizá egoístas. Nadie lo sabe. En pocas palabras, la panspermia sustituye a Dios por múltiples dioses menores que a veces se equivocan, ya que las cosas no siempre les salen como ellos quisieran. Y a nadie se le escapa que con la especie humana, desde luego, no acertaron.

Esta idea de la panspermia se sustenta sobre arenas movedizas. Carece de evidencia científica y apela a algo que es imposible de investigar: unos seres inteligentes que aparecieron hace mucho tiempo en una galaxia desconocida y muy lejana. Lo cual convierte la teoría en un auténtico milagro. Es como si Crick estuviera diciendo que «el origen de la vida en la Tierra fue un milagro». Con lo cual el asunto queda inmediatamente fuera del ámbito de la ciencia. ¡Para este viaje no hacían falta tantas alforjas! Es lo mismo que, desde hace miles de años, viene proponiendo la doctrina bíblica del milagro de la creación.

No obstante, si no fueron los extraterrestres, ¿en qué otro diseñador permite pensar la teoría del DI? ¿Es bíblica la teología que parece sugerir? Aunque el DI no dice nada acerca de la naturaleza del diseñador, muchos creacionistas, y la mayoría de los evolucionistas cristianos, ven con malos ojos el tipo de Dios que se desprende. Unos porque creen que no se adecua al Dios creador del relato del Génesis, interpretado literalmente. Los otros porque piensan que el diseñador inteligente es, en realidad, el denostado Dios tapagujeros.

Ciertos partidarios del creacionismo de la Tierra joven –no todos, por supuesto– recriminan al DI el hecho de no interpretar literalmente el libro del Génesis y, por lo tanto, no respetar la Escritura, decir poco del Dios bíblico y no glorificarle como se merece. Para ellos, el DI no es «creacionismo camuflado», como creen muchos darwinistas, sino una especie de enorme cajón de sastre donde caben todas las posibles concepciones de la divinidad. Por su parte, algunos teólogos que defienden el evolucionismo teísta ven la teoría del DI como poco científica porque les parece que apela demasiado al Dios tapagujeros. Es decir, creen que los proponentes del DI sólo ven diseño en aquellas áreas de la naturaleza que la ciencia no ha estudiado suficientemente todavía. Una idea peligrosa pues a medida que el conocimiento científico avanza, Dios retrocedería. Es como si la ignorancia humana fuera lo único capaz de dar cobijo a la creencia en Dios. ¿Qué hay de cierto en todo esto?

En primer lugar, no todos los creacionistas de la Tierra joven –menos aún los de la Tierra antigua– disienten ante los puntos de vista del DI. Muchos reconocen que no siempre la Biblia debe interpretarse literalmente y apoyan la defensa del diseño como un hecho fundamental de la naturaleza. Conviene recordar, una vez más, que la teoría del DI, como toda teoría empírica, no puede decir absolutamente nada sobre un diseñador con el que no se puede experimentar. Salvo que actuó de manera inteligente dejando la impronta de su sabiduría en los seres vivos.

En cuanto al argumento del Dios tapagujeros, con el que los cristianos evolucionistas acusan al DI, creo que está equivocado. No es que los investigadores vean diseño inteligente en ciertas estructuras naturales irreductiblemente complejas porque éstas han sido poco estudiadas y sean prácticamente desconocidas por la ciencia. Es precisamente al revés. Aquello que motiva a los científicos a pensar en un diseñador inteligente es el gran conocimiento que poseen de dichas estructuras o funciones. No es lo que no saben, sino lo que sí saben. Darwin y sus coetáneos, al observar una célula bajo sus rudimentarios microscopios, no podían pensar en el diseño real de la misma porque sólo veían simples esferas de gelatina que rodeaban un pequeño núcleo oscuro. Nada más. Pero es precisamente el elevado grado de información y sofisticación bioquímica en las estructuras celulares, descubierto por los potentes microscopios electrónicos actuales, lo que ha hecho posible la teoría del DI. No se está apelando al Dios tapagujeros.

Lo que se propone es que la actividad inteligente de Dios al crear la naturaleza puede ser detectable, de la misma manera que lo es la de un informático que diseña determinado programa. Los sistemas biológicos manifiestan las huellas distintivas de los sistemas diseñados inteligentemente. Poseen características que, en cualquier otra área de la experiencia humana, activarían el reconocimiento de una causa inteligente. Según el DI, los seres vivos no sólo serían el resultado del azar y la necesidad sino, sobre todo, del diseño real y de decisiones sabiamente precisas.

Deseo terminar con una cuestión que me parece relevante. Muchos creen que el diseño en la naturaleza, para ser auténtico, debiera ser también perfecto, benéfico o, cuanto menos, inofensivo. Pero la realidad es que no siempre es así. El cosmos en el que vivimos actualmente es limitado, finito, cambiante y sometido a la ley física de la entropía. Si no se le aplica energía extra, su grado de desorden no disminuye, sino que aumenta. Finalmente a los seres vivos les sobreviene la muerte. Por tanto, resulta bastante improbable que el diseño real sortee todos los inconvenientes o satisfaga todos los gustos y las necesidades en un mundo así. Me parece un error la afirmación de que: «El diseño tiene que ser perfecto o no es diseño». ¿Acaso no pueden darse diseños imperfectos? Más aún, ¿existe el diseño maligno?

Uno de los organismos que hacían dudar a Darwin de la existencia de un Dios bondadoso eran las avispas. En concreto, unas pequeñas avispas del grupo de los icneumónidos (*Ichneumon*) que tienen el hábito de poner sus huevos dentro de los cuerpos vivos de orugas de otros insectos. Así, cuando nacen las larvas de *Ichneumon* disponen de alimento fresco, el cuerpo de sus desafortunados «hospedantes», las orugas a las que se comen vivas.

William Dembski, uno de los principales proponentes del DI escribe: «La naturaleza es un morral mezclado. No es el mundo feliz de William Paley en el cual todo estaba en delicada armonía y equilibrio. No es el mundo darwinista ampliamente caricaturizado de la naturaleza roja de sangre en los dientes y en las garras. La naturaleza contiene diseño maligno, diseño mal construido y diseño exquisito. La ciencia necesita comenzar a aceptar el diseño como tal y no despreciarlo...»[5].

La existencia del mal, así como de la injusticia y miseria del mundo actual es un argumento clásico contra la existencia de Dios. Sin embargo, no es la ciencia quien debe dar la respuesta, sino la teología, la filosofía o más concretamente la teodicea. Y me consta que lo vienen haciendo casi desde la noche de los tiempos.

5. Dembski, W., *No Free Lunch*, Rowman & Littlefield, Lanham 2002, p. 16.

El barco de Darwin se hunde

Habitualmente ciertas manifestaciones en los medios de comunicación tienden a exaltar las bondades del darwinismo, así como la relevancia actual de la *selección natural* de las especies, motor creativo de dicho proceso que actuaría sobre las modificaciones producidas en los seres vivos por las *mutaciones al azar*. Leyendo tales trabajos da la impresión de que el funcionamiento de la evolución esté ya perfectamente claro y no existan discrepancias en el seno de la comunidad científica acerca de esta teoría propuesta hace 150 años por el famoso naturalista inglés. Incluso parece como si los divulgadores y los propios científicos se hubieran puesto de acuerdo para cerrar filas en defensa del sacrosanto evolucionismo naturalista y contrarrestar esos peligrosos aires heréticos de quienes discrepan, como los del Diseño inteligente, confundido erróneamente con el creacionismo más puro y duro de mediados del siglo pasado. El miedo a que ciertas observaciones científicas pongan en entredicho el paradigma evolutivo dominante, así como la concepción naturalista y materialista del universo que impera hoy en Europa, hace que se descalifique sistemáticamente a los científicos adversarios y se cierren los ojos a la realidad de sus hallazgos o sugerencias. Ante semejante actitud nos parece oportuno plantear las siguientes cuestiones al respecto: ¿Es capaz hoy el darwinismo de explicar satisfactoriamente los nuevos datos aportados por la paleontología, la bioquímica, la genética y la microbiología modernas? ¿Acaso la investigación en las ciencias biológicas no ha puesto de manifiesto toda una serie de anomalías importantes para la teoría darwinista? ¿Puede dicha teoría convivir con estas irregularidades o, por el contrario, se verá forzada a ser sustituida por una nueva cosmovisión? Darwin se inspiró en las ideas de Malthus y Spencer, así como en la teoría económica liberal, para ver en la naturaleza una lucha permanente de todos contra todos por la propia supervivencia. Según su opinión, esta competencia general por los recursos del ambiente físico sería el verdadero motor que originaría gradualmente las especies. Los más aptos frente a las condiciones del medio dejarían más descendientes, mientras que los perdedores se extinguirían. Posteriormente sus seguidores, los neodarwinistas, hicieron hincapié en dos aspectos de esta teoría. Primero, en que las mutaciones se producirían siempre de manera *gradual* y no a saltos bruscos. Y en segundo lugar, que todo este proceso ocurriría por *azar*. No habría ningún principio que causara las mutaciones ni dirigiera dicha transformación. El primer problema serio para la teoría de Darwin lo plantea el registro fósil, ya que éste no revela en modo alguno ese *gradualismo* que requiere la teoría. Y en la actualidad, después de ciento cincuenta años de desenterrar fósiles, mucho menos que en los días del padre de la evolución. Hoy se conocen más de 250.000 especies fósiles, pero su estudio no refleja las formas de transición que deberían haber existido según el gradualismo darwinista. Por el contrario, lo que evidencian millones de organismos petrificados son largos periodos durante los cuales las especies permanecen inmutables (*periodos de estasis*), seguidos por grandes extinciones en masa y el surgimiento brusco de nuevas especies perfectamente formadas en los estratos rocosos superiores. No se dan las hipotéticas transiciones graduales entre grupos diferentes.

Al constatar dicha realidad, Gould y Eldredge, propusieron su modelo del «equilibrio puntuado» para adaptar el darwinismo a los problemas del registro fósil. Según ellos, las especies podrían sufrir «cambios episódicos momentáneos» pero a un ritmo «suave y gradual». En vez de una línea recta progresivamente ascendente, la evolución tendría que parecerse más bien a un trazo quebrado como el de una escalera. Alguien compararía después este nuevo proceso transformista con la vida de un soldado: largos períodos de aburrimiento separados por breves instantes de terror. Pues bien, aunque todo esto pueda sonar a querer «nadar y guardar la ropa», lo cierto es que el evolucionismo asume hoy que los cambios en los organismos pueden deberse unas veces al gradualismo de Darwin y otras, las más, al equilibrio puntuado de Gould y Eldredge. La realidad es que los insignificantes ejemplos fósiles que aporta la paleontología son del todo insuficientes para fundamentar sobre ellos una teoría con tantas pretensiones como el darwinismo. Y lo mismo ocurre con los hipotéticos saltos del equilibrio puntuado. No hay forma de comprobar cómo se originaron esas milagrosas mutaciones. Hoy por hoy, nadie sabe a ciencia cierta qué es lo que mueve realmente la evolución.

No obstante, a pesar de no saberse, se afirma categóricamente que la evolución es un hecho y no sólo una teoría. Si existen lagunas, la ciencia ya se encargará de irlas llenando poco a poco. Incluso en ocasiones se confunde hecho con teoría. Ahora bien, el darwinismo es una teoría que pretende explicar la evolución de las especies pero que, como decimos, está siendo cuestionada desde diferentes ángulos. Otras teorías que procuran lo mismo, además de la ya mencionada del equilibrio puntuado, son la «neutralista» de Motoo Kimura, que le resta importancia a la selección natural de Darwin al decir que la mayoría de los genes mutantes son selectivamente neutros, es decir, no tienen ni más ni menos ventajas evolutivas que los genes a los que sustituyen; la «endosimbiosis» de Lynn Margulis, que sostiene que la evolución se produciría por transferencia de información entre bacterias primitivas y los núcleos de células superiores; o la «integración de virus en genomas» de Máximo Sandín. Este último, que es español y profesor en la Universidad Autónoma de Madrid, rechaza también el mecanismo fundamental de la evolución darwinista (mutaciones y selección natural) para afirmar que la transformación de las especies se debería a la introducción de virus en genomas ya existentes (M. Sandín, *Pensando la evolución, pensando la vida*, Ed. Crimentales, Murcia 2006). Por otro lado, existe también una seria objeción contra los planteamientos tradicionales del evolucionismo representada mediante el concepto de «complejidad irreducible» del norteamericano Michael J. Behe (*La caja negra de Darwin*, Ed. Andrés Bello, Barcelona 1999).

Se necesitaría bastante más espacio del que disponemos aquí para analizar cada una de tales perspectivas científicas. Sin embargo, podemos afirmar que cualquier teoría, como tal, puede ser puesta en duda cuando numerosos hechos la contradicen. Por tanto, la *teoría* de la evolución no es un *hecho*, sino una interpretación de los hechos. No debe confundirse ni identificarse la teoría de Darwin con el hecho de la evolución. ¿Cuáles son los hechos verdaderos o en qué sentido podría la evolución considerarse como un hecho?

Desde los días de Darwin los evolucionistas creen que la evolución es un hecho fundamental de la biología. No obstante, a nuestro modo de ver, cometen una extrapolación inaceptable. Una cosa es el cambio evidente que experimentan todas las especies de este planeta, y que se pone de manifiesto por la increíble diversidad de razas, variedades e incluso especies similares dentro de determinados grupos, algo real que no ponemos en duda y que puede deberse a las mutaciones, más la selección natural del ambiente, y otra cosa muy distinta, los múltiples cambios generales que propone el darwinismo entre una microscópica célula primitiva y un científico de la NASA, por ejemplo, pasando por los millones de especies biológicas que habitan o habitaron en algún momento la biosfera. La microevolución es un hecho, mientras que la macroevolución entre los grandes grupos de organización de los seres vivos sigue siendo una teoría. No existe demostración científica de que los mecanismos que actúan en la primera hayan sido los responsables también de la segunda. Extrapolar la selección gradual de pequeñas diferencias, debidas a mutaciones puntuales y cromosómicas que ocurren dentro de grupos como las mariposas o los pájaros, a las enormes divergencias que requiere el origen de las aves o el de los invertebrados, es un gran acto de fe evolucionista.Otro problema importante para la teoría surge de la improbabilidad de que se originen estructuras complejas por el simple azar. Tradicionalmente esta dificultad se soslayó apelando a los elevados períodos de tiempo que propone la evolución (centenas o millares de millones de años), así como al poder de la selección natural para escoger y conservar lo adecuado frente a lo erróneo. Se dice, por ejemplo, que un chimpancé tecleando al azar podría escribir *El Quijote*, si dispusiera de todo el tiempo del mundo y cada vez que acertara una palabra por casualidad, el ordenador la guardara sistemáticamente y la colocara en su sitio. La ardua labor del simio representaría el papel de las mutaciones, mientras que la selección natural sería el trabajo de la computadora. Por tanto, dicha selección de la naturaleza, sin intencionalidad ni reglas, tendría un significado fundamental en el mantenimiento de las variaciones. La naturaleza crearía orden a partir del desorden. No obstante, esto implica también que todo paso intermedio probable entre una especie biológica simple y su descendiente más complejo debería presentar alguna ventaja selectiva. Si no se considera así, la explicación no respetaría la propia teoría darwinista.Dejando de lado la pertinencia del ejemplo del mono (ya que un ordenador que selecciona y guarda palabras es precisamente un objeto diseñado por un agente inteligente, mientras que la naturaleza desde el punto de vista evolucionista carece de previsión e inteligencia), podemos decir que Darwin no tenía ni la menor idea de cómo era una célula viva por dentro, ni de los complejos procesos que ocurrían en su interior. En la actualidad, la ciencia que estudia las células, la citología, ha descubierto un mundo liliputiense formado por complejas y precisas máquinas moleculares que interactúan entre ellas, planteando un reto fundamental a los principios del darwinismo.

Sabemos que la materia de la que estamos hechos los seres vivos no tiene nada de misteriosa. Las células vivas están constituidas por moléculas formadas por elementos químicos simples como el carbono, el oxígeno o el hidrógeno. Hasta aquí todo parece normal. Sin embargo, lo verdaderamente extraordinario es que tales moléculas y las relaciones que llevan a cabo entre sí, constituyen un sistema altamente complejo y organizado, distinto de todo lo que la naturaleza nos había mostrado hasta ahora. Cuando la información contenida en los genes es desvelada por las proteínas, no se trata solamente de la traducción automática de unas secuencias de letras a otras correspondientes, sino de un proceso complicado en el que las enzimas involucradas «parecen saber» lo que están haciendo o «haber sido programadas» para hacerlo. Desde luego, este comportamiento no habría podido originarse jamás mediante un lento amontonamiento de moléculas a lo largo del tiempo, como propone el darwinismo.Este misterioso comportamiento de la bioquímica celular es con frecuencia soslayado por los biólogos reduccionistas que pretenden que la aparición de la vida y la complejidad de las células parezcan algo banal e inevitable, que podría ser explicado fácilmente en términos de mutaciones al azar y selección natural. No obstante, las especulaciones por muy creativas que sean nunca podrán alcanzar el estatus de ciencia. Hablar de cosas que «ocurrieron» en el pasado, sin describir cómo es que pudieron haber sucedido a la luz de los conocimientos actuales, es no decir nada desde el punto de vista científico. Esto es precisamente lo que afirma Behe en su polémico libro. De ahí que se le haya criticado tanto, porque sus objeciones suponen un importante desafío para la teoría de la evolución.Los principales procesos que sustentan la vida, como la fabricación de proteínas, el mecanismo de coagulación sanguínea o el propio sistema inmunológico, así como también todos los órganos complejos como el ojo, las membranas celulares o los flagelos de las bacterias, son procesos y órganos *irreduciblemente complejos* (en palabras de Behe). Es decir, en los que esa complejidad no se puede haber formado por mutaciones aleatorias en el código genético y por selección natural, como afirma el darwinismo. En una naturaleza que carece de intención, las fases intermedias de cualquiera de estos órganos y procesos, que no sirvieran para nada, no tendrían por qué perdurar. Si no suponían ninguna ventaja para la supervivencia del organismo en cuestión, la propia selección natural se habría encargado de eliminarlos. Y por otro lado, la probabilidad de que ocurriera una mutación al azar conjunta de todas las partes de cualquier órgano, para generarlo completo de una vez y funcionando bien, es completamente nula.La conclusión a la que llega Behe (que es en realidad lo que peor ha sentado al estamento evolucionista tradicional), después de reconocer la incapacidad del darwinismo para dar cuenta del origen de la vida, es que probablemente no existe ninguna explicación natural para este fenómeno y que, por lo tanto, sólo queda apelar a una explicación sobrenatural. Un diseñador inteligente que estaría más allá de las posibilidades de la ciencia humana. Las primeras palabras de la Biblia ya lo dicen con una claridad meridiana: *En el principio creó Dios*. Sin embargo, la pregunta sigue en el aire para quienes se niegan a aceptarlas. Si Dios no es el Creador inteligente de este mundo, ¿cómo se forman, mantienen y cambian los seres vivos, poseedores de estructuras extremadamente complejas que no se someten a las explicaciones de Darwin? ¿Por qué el universo parece tan exquisitamente diseñado? ¿Es la conciencia humana un mero producto de la materia? La crisis en que actualmente se encuentra la teoría darwinista no permite responder satisfactoriamente a tales cuestiones.

La desesperada teoría del multiverso

Ante la evidencia del extraordinario ajuste fino que muestra el universo, que nos conduce a muchos a la conclusión lógica de que éste es obra de la deidad, bastantes científicos ateos se aferran a una teoría que parece proporcionar una escapatoria a dicha deducción. Se trata del *multiverso*. Un planteamiento que supone la existencia de múltiples universos, cada uno con unas leyes físicas o parámetros diferentes al nuestro. Entre los trillones y trillones de universos que se puedan imaginar, solamente unos pocos poseerían leyes con un ajuste lo suficientemente preciso como para permitir la vida. Esto no sería nada milagroso ya que si existen todos los universos posibles, deben darse también aquellos en los que puedan surgir los seres vivos. El hecho de que nuestro universo tenga exactamente los valores que sostienen la vida, «probaría» que debe haber otros universos que carezcan de ellos. Si, gracias a la Gran Explosión inicial, es posible que el universo no sea infinito en el tiempo, quizá lo sea en el espacio. Desde semejante perspectiva, resultaría posible la existencia de una serie infinita de universos paralelos en el espacio, cada uno de los cuales constituiría sólo una pequeña parte de un multiverso mucho más grande. Igual que una burbuja de jabón forma parte de la espuma que la contiene.

El físico Max Tegmark, uno de los proponentes del multiverso, escribió en mayo del 2003 estas palabras: «El modelo cosmológico más simple y más popular predice que usted tiene un gemelo en una galaxia situada a diez elevado a veintiocho metros de aquí. Esta distancia es tan grande que está más allá de lo astronómico, pero eso no hace menos real a su doble. En un espacio infinito hasta los eventos más inverosímiles deben tener lugar en alguna parte. Hay infinitos planetas habitados, lo cual incluye no solo uno sino infinitos que tienen personas con la misma apariencia, nombre y recuerdos que usted»[6]. Por supuesto, no hace falta decir que tal afirmación hay que aceptarla por fe ya que jamás podremos comprobar la existencia de nuestros gemelos intergalácticos, ni siquiera enviarles un correo electrónico. Vivirían demasiado lejos. Trece mil setecientos millones de años luz es la distancia más lejana que se puede observar en el borde de nuestro universo porque desde allí nos llega luz de estrellas. Esto significa que no podemos ver ningún otro universo que esté más allá. Suponiendo, desde luego, que exista.

Puestos a imaginar, Tegmark predice que los multiversos pueden tener espacios, tiempos y leyes físicas diferentes al nuestro. Incluso podrían crearse universos nuevos cada vez que cualquier persona, en la Tierra, escoge un camino y no otro. Esto sería matemáticamente posible suponiendo un espacio de infinitas dimensiones en el que todas las realidades alternativas existirían al mismo tiempo. Y, en fin, Tegmark está convencido de que su hipótesis de los múltiples universos desconocidos parece más razonable que la del diseño inteligente del único universo que conocemos. Pero, ¿lo es realmente?

Lo primero que me gustaría señalar es que la idea de los infinitos universos paralelos no es nueva. El filósofo griego Epicuro (341-271 a.C.) se imaginaba ya, tres siglos antes de Cristo, un «universo infinito que lanzaba mundos aleatoriamente»[7]. Lo que constituye una versión antigua de la moderna teoría del multiverso. No es, por tanto, que la ciencia contemporánea

---

6. Tegmark, M., *Scientific American*, mayo del 2003, cf. http://www.sciam.com/article.cfm?chanID=sa006&articleID=000F1EDD-B48A-1E90-8EA5809EC5880000.

7. O'Leary, D., *¿Por diseño o por azar?*, Clie, Terrasa 2011, p. 50.

haya descubierto esta posibilidad y la imponga necesariamente, sino que se trata de una concepción más ideológica que matemática.

Suponer la existencia de múltiples universos que no se pueden detectar de ninguna manera en la realidad, puesto que estarían más allá del alcance de los telescopios más sofisticados o de las posibilidades de la ciencia, es como caminar por una pendiente sumamente resbaladiza. La teoría del multiverso puede estar revestida con ropaje matemático, pero necesita un salto de fe similar o superior al de aceptar la existencia de un Dios creador. Si no es una teoría simple como las que buscan habitualmente los científicos, ¿por qué hay tantos que la aceptan? ¿Será quizá que para deshacerse de Dios se requieren infinitos universos, de los que no hay constancia y nada podemos saber? La elección continúa siendo la misma que en tiempos de Epicuro: Dios o el multiverso. No parece que hayamos avanzado mucho.

Refiriéndose a los múltiples universos, el biólogo ateo Richard Dawkins escribe que ha leído que «la mayoría de los físicos odian esta idea. No puedo entender por qué. Creo que es muy bella, quizá porque mi conciencia ha sido mejorada por Darwin»[8]. Como era de esperar, Dawkins aplica su ferviente darwinismo no sólo a la biología, sino también a la cosmología. Cree que la teoría del multiverso se complementa perfectamente con la selección natural de Darwin aplicada a los universos paralelos. Lo que no explica Dawkins es el motivo por el cual dicha teoría no gusta a la mayoría de los físicos. Yo creo que los físicos odian la hipótesis del multiverso porque no ofrece ninguna evidencia a su favor. Pretende explicarlo todo pero en realidad no explica nada. No hay forma de investigar o verificar esta teoría. Solamente puede resultar interesante para quienes, como Dawkins, desean evitar a toda costa la conclusión obvia de que el ajuste fino del universo, su elegancia física y exquisitez matemática, necesita una explicación divina. Se pretende sustituir el diseño inteligente que muestra el cosmos por una especie de payasada matemática infinitamente compleja y carente de explicación.

El hecho de que pudieran existir múltiples universos con sus propias leyes no demuestra, ni mucho menos, que tales universos existan realmente. No se conoce, hoy por hoy, la menor evidencia física de tal existencia y, por tanto, se trata de una idea absolutamente especulativa. Incluso en el supuesto de que dichos mundos fueran reales, estarían sometidos necesariamente a leyes particulares. ¿De dónde habrían surgido tales leyes? Existiera o no el multiverso, todavía tendríamos que responder a la pregunta acerca del origen de las leyes de la naturaleza. Y la única respuesta razonable es la Mente inteligente que se revela en lo creado. La existencia

8. Dawkins, R., *El espejismo de Dios*, ePUB, 2011 (p. 371).

del multiverso no eliminaría tampoco la necesidad de un origen divino. En resumen, yo creo que el multiverso no es más que una teoría desesperada que procura borrar las múltiples huellas de Dios en la naturaleza pero, inclusive aunque fuera cierta, nunca lograría su objetivo.

Las matemáticas y el origen de la vida

Leyendo las obras de Richard Dawkins, uno llega a la conclusión de que el motivo principal de su distorsionada visión acerca de los orígenes se debe, sobre todo, a la enorme fe que profesa en el azar. En numerosas ocasiones, se refiere a una antigua sentencia del famoso filósofo ateo, David Hume, para negar la posibilidad de la existencia del Dios creador. Según este pensador escocés del siglo XVIII: «Ningún testimonio es suficiente para establecer un milagro, a menos que el testimonio sea de tal tipo que su falsedad resulte más milagrosa que el hecho que trata de establecer»[9]. Y, por supuesto, Dawkins cree que Dios es mucho más milagroso que el origen materialista de la vida por azar. Cualquier cosa que pudiera atribuirse al Sumo Hacedor, el azar la haría mejor y, por milagroso que parezca un determinado acontecimiento, siempre se podrá explicar más satisfactoriamente como una afortunada casualidad. ¿Está Dawkins en lo cierto? Vamos a ver como la ciencia de la estadística demuestra que no es así.

Hay una objeción importante. Según el darwinismo gradualista y materialista que el famoso biólogo ateo cree a pies juntillas, el azar no dispuso de todo el tiempo del mundo para originar la vida a partir de la materia muerta, por la sencilla razón de que el cosmos no es eterno. Desde luego, ante las vertiginosas expectativas de la eternidad todo puede suceder. Pero si se acepta que el Universo empezó a existir hace alrededor de 13.500 millones de años, que la Tierra se formó hace 4.500 millones y las primeras células vivas surgieron hace 3.700 millones de años, hay que asumir que el azar dispuso como mucho de diez mil millones de años para convertir la química en biología. Es decir, para originar la vida por casualidad, sin la intervención de ningún agente inteligente. Semejante cantidad de tiempo puede parecer enorme y suficiente a primera vista pero, en realidad, no lo es. Más bien se trata de un período demasiado breve para que la ruleta de los elementos químicos se parara precisamente en el extraordinario número premiado del ADN. Y esto supone, sin duda, un grave problema para los ateos.

Si el creador hubiera sido el Dios de la Biblia, podría haber formado el universo de manera instantánea o bien en cualquier período de tiempo que le viniera en gana. No obstante, el azar no posee tantas posibilidades ya que requiere muchísimo tiempo para conseguir unos insignificantes

9. Dawkins, R., *La magia de la realidad*, Espasa, Barcelona 2011, p. 254.

resultados. ¿Y esto por qué? Pues porque un ser inteligente es capaz de tomar decisiones inteligentes, pero el azar no lo es. Si se caracteriza por algo es precisamente por su falta de inteligencia. El azar no toma decisiones, no planifica el futuro, no elige atajos y, desde luego, es incapaz de elaborar, por mucho tiempo que se le conceda, algo tan sofisticado como un cerebro inteligente.

Suponiendo incluso que la cronología evolucionista sea cierta, al azar le quedaría muy poco tiempo para originar la primera célula viva, ya que hasta hace 3.800 millones de años –según afirma la geología histórica– la Tierra no estuvo suficientemente fría y preparada como para permitir la vida. Se piensa que las primeras células simples, del tipo bacterias o procariotas (que de simples no tienen nada), debieron originarse casi inmediatamente después de que la Tierra se enfriara. Esto deja un breve margen de tiempo para que el azar juegue con el intrincado puzle de la primera molécula de ADN. Sin embargo, el lento gradualismo que requiere el azar necesita en realidad como cuatro veces y media la edad que se le supone al universo para originar la vida. Hay aquí un serio problema. ¿No podría la evolución dar saltos o ir más rápida? Algunas hipótesis teístas aceptan esta posibilidad pero, el azar antiteísta del biólogo inglés la rechaza radicalmente. Para él, cualquier transformación de la materia o de los organismos ha de ser siempre pasito a pasito y sin prisas ni atajos.

Dawkins insiste en que la probabilidad de que la macromolécula de ADN surgiera espontáneamente es de una entre mil millones o incluso menos. Sin embargo, la mayoría de los físicos, químicos y biólogos especializados en el origen de la vida no suelen compartir este optimismo matemático. Ellos saben que las bases nitrogenadas que conforman cualquier molécula de ADN (adenina, citosina, guanina y timina) no suelen formarse espontáneamente chocando unas con otras, sino que deben ser fabricadas minuciosamente paso a paso. Esto requiere que se tenga que calcular la probabilidad de los enlaces químicos entre los distintos átomos en cada uno de tales pasos. Y así sucesivamente la complejidad se va multiplicando sin cesar. Los estudiosos de la biogénesis no creen que la probabilidad de que el azar fabrique una secuencia de tan sólo 100 bases de ADN sea, como dice Dawkins, de una en 1.000.000.000, sino de una en 1.600.000.000.0 00.000.000.000.000.000.000.000.000.000.000.000.000.000[10]. No se trata de un uno seguido de nueve ceros, sino del número dieciséis seguido por cincuenta y nueve ceros. ¡La diferencia es abrumadoramente abismal y sobrepasa cualquier expectativa! Sobre todo cuando se compara con la cantidad total de átomos que podría tener el universo, que es muchísimo menor (un uno seguido por 28 ceros).

10. Hahn, S. y Wiker, B., *Dawkins en observación*, Rialp, Madrid 2011, p. 43.

Sin embargo, tan remota probabilidad para el origen de l*a por azar*
es en realidad todavía bastante inferior. Hay que tener en*a por azar*
ADN es solamente un componente de la célula; que la inf*a que el*
contiene debe servir para fabricar proteínas y que, para pode*ón que*
cesita de la existencia de otras proteínas ya elaboradas, así co*, ne-*
ácidos nucleicos del tipo ARN. Se requiere todo este conjunt*tros*
turas y actividades proteicas para que el ADN pueda despertar*c-*
su información. Esto significa que, además de la secuencia del *A.*
que contar con la formación al azar del ejército de macromoléc
le acompaña. Y además se genera la cuestión de siempre: ¿Qué f*t*
el huevo o la gallina? ¿El ADN o las proteínas que éste necesita p
presarse? La probabilidad de que ambas estructuras aparecieran si
neamente disminuye hasta lo impensable. ¿Cómo es posible que Da
siga creyendo en el azar, ante semejante estadística? Muy fácil, él dic
si estamos aquí es porque debió ocurrir así, a pesar de los pesares[11].
esta «explicación dawkiniana» no explica nada porque ni siquiera e*s*
argumento serio. En realidad, se trata de una suposición que se hace pasa
por demostración. Pero la aparición de la vida por azar no queda así demostrada, ni mucho menos. Siempre resulta sospechoso dar por supuesto
precisamente aquello que es menester demostrar. Es verdad que estamos
aquí en la Tierra, esto lo sabemos bien, pero de semejante evidencia no se
sigue necesariamente que la vida se originara en este planeta por azar. Eso
es justo lo que hay que demostrar.

Volvamos a las matemáticas. Si se toma de nuevo una sola proteína sencilla de cien aminoácidos y se calcula la posibilidad de acertar con la combinación correcta por azar, resulta que la estadística de Dawkins se queda
muy pero que muy atrás. En vez de su optimista probabilidad de obtener
esa pequeña proteína por azar, de uno en mil millones –igual que vimos
para el ADN–, resulta, después de hechos los oportunos cálculos matemáticos, una cantidad con tantos ceros que prefiero no escribirlos para no
marear al lector. En realidad, tal probabilidad sería de uno entre el número
doce seguido por 129 ceros[12]. Algo absolutamente improbable. No obstante, una célula no es sólo un pequeño trozo de ADN más las pocas proteínas
que transcribe. Es muchísimo más que eso.

El origen y desarrollo de la vida sobre la Tierra, según propone la evolución darwiniana, se enfrenta por tanto con una dificultad insalvable: hay
muy poco tiempo para que el azar haya podido ser la causa. No solo es
improbable, usando la terminología de Dawkins, sino sencillamente imposible. Esto es precisamente lo que certifica la gran cantidad de trabajos

---

11. Dawkins, R., *El espejismo de Dios*, ePUB, 2011 (p. 125).
12. Hahn, S. y Wiker, B., *Dawkins en observación*, Rialp, Madrid 2011, p. 47.

...bre el origen de la vida que se han venido publicando duran-
...científicos treinta años y que Dawkins prefiere ignorar por completo.
...te los dificultad del tiempo se añade que la célula no puede funcionar,
Si que estén integradas todas sus partes de manera precisa y sean
...a de actuar como un todo desde el principio. Y, además, que las dife-
...estructuras y orgánulos celulares son también entidades complejas
...tuidas por unidades todavía más pequeñas pero perfectamente inte-
...as. ¿Cómo pudo el azar ciego fabricar dichas partes? El azar carece de
...visión o finalidad. Es incapaz de construir cualquier estructura celular
...ara que sirva en el futuro cuando haga falta». ¿Cómo explicar que exis-
...n partes tan sofisticadas, sin función aparente, durante millones de años?
No existe una respuesta satisfactoria.

En resumen, son tan pocas las posibilidades de que la vida se originara por casualidad, como propone Dawkins, que la alternativa contraria
adquiere notable importancia. Ante el dilema de las dos opciones para el
origen de la vida, la inteligencia o el azar, y a la vista de los importantes
obstáculos lógicos que presenta éste, la acción de una inteligencia creadora
se erige por encima del azar sin propósito. El físico Michael Turner, después de reflexionar sobre el Big Bang y la apabullante precisión con la que
debió suceder para poder crear todas las constantes del cosmos, elaboró
una analogía que nos parece también pertinente en el asunto del origen de
la vida. Dijo: «Es como si uno lanzase un dardo a través de todo el universo
y acertase en el centro de una diana de un milímetro de diámetro»[13]. ¿Qué
resulta más milagroso para explicar el origen de la vida: el azar ciego o la
inteligencia previsora? Dawkins se empeña en la absurda posibilidad del
azar porque no quiere aceptar a un Dios todopoderoso, creador del cielo,
la tierra y la vida. Yo prefiero pensar que a Dios le gusta jugar a los dardos
y sabe tirarlos con exquisita precisión.

¿Biología a partir de la química?

La teoría evolucionista de la *abiogénesis*, o generación gradual de la vida
a partir de los elementos químicos no vivos, debe ser distinguida del principio de la *biogénesis* que afirma precisamente todo lo contrario. Según este
último, cualquier organismo vivo sólo puede proceder de otro organismo
vivo similar a él mismo, no pudiendo originarse de material sin vida. Esto
fue lo que demostró Pasteur y otros investigadores por medio de experimentos controlados que usaban medios esterilizados. Hasta entonces, se
aceptaba la llamada *generación espontánea* de la vida. Tal idea, desacreditada

---

13. Citado en Gerald Schroeder, *The Science of God*, Broadway Books, New York
1997, p. 5.

en la actualidad, afirmaba que los organismos vivos se podían formar a partir de la materia muerta. Incluso durante un tiempo, se pensó que los microorganismos que participaban en la descomposición de los alimentos se desarrollaban espontáneamente sobre el medio. No obstante, los trabajos del científico francés evidenciaron la falsedad de estas ideas.

De alguna manera, el darwinismo volvió a poner de moda el concepto de generación espontánea pero cambiándole el nombre. Si bien es verdad que ningún ser vivo se origina actualmente a partir de la materia inorgánica, en el hipotético origen de la vida que concibe la teoría evolucionista sí debió producirse así. De esta forma se creó el concepto de *biopoyesis* con la intención de explicar cómo surgió la vida. Este término supone el desarrollo de la materia viva a partir de moléculas orgánicas complejas que, aunque ellas mismas no están vivas, sí serían capaces de autorreplicarse, originando otras moléculas como ellas mismas. Por tanto, la biopoyesis pretende explicar «científicamente» el origen de los primeros organismos unicelulares. Para lo cual, presupone toda una serie de pasos intermedios que se tendrían que haber dado entre la materia y los seres vivos más sencillos. ¿Qué inconvenientes lógicos plantea esta idea de la biopoyesis?

El primero es la confusión entre la formación de polímeros biológicos a partir de monómeros, algo que ocurre hoy en todos los seres vivos, con aquello que pudo (o no) suceder al principio en el origen de la vida. En efecto, que en el interior de una célula actual se unan los diferentes aminoácidos por medio de enlaces peptídicos para formar proteínas, no demuestra, ni mucho menos, cómo dicho proceso pudo ocurrir por primera vez en ausencia de proteínas y en un ambiente hostil o no controlado. El biólogo evolucionista de la Universidad de Washington, Scott Freeman, en su excelente libro de texto de biología, muy usado en las universidades españolas, reconoce que: «Hasta ahora no han tenido éxito los intentos de simular el origen de la vida con proteínas. La mayoría de los investigadores del origen de la vida son cada vez más escépticos acerca de la hipótesis de que la vida empezó con una proteína. Su razonamiento es que, para hacer una copia de algo, se necesita un molde o una plantilla. Las proteínas no pueden llevar esta información»[14]. La polimerización es una función propia de las leyes de la química y la bioquímica que se da actualmente en el interior de las células, pero no fuera de ellas. A no ser bajo la manipulación controlada por la inteligencia de los científicos en sus experimentos.

Lo que se observa hoy en la naturaleza, sobre todo cuando mueren los organismos, es una gran tendencia para que los polímeros de cualquier macromolécula (glúcidos, lípidos, proteínas y ácidos nucleicos) se transformen espontáneamente en sus monómeros constituyentes, pero no al revés.

14. Freeman, S., *Biología*, Pearson, Madrid 2009, p. 65.

La tendencia contraria, que requiere un determinado aporte energético y enzimático, sólo ocurre dentro de las células vivas. Por tanto, el hecho de que las leyes químicas, físicas y biológicas no sean aleatorias en el funcionamiento de las células actuales no demuestra que no lo tuvieran que ser necesariamente al principio de los tiempos, en la supuesta evolución química, cuando no existía todavía ningún organismo celular. Esto significa que el cálculo de probabilidades para que se forme una determinada proteína, fuera del citoplasma celular y a partir de la unión aleatoria de monómeros, es absolutamente pertinente. Y, como vimos, el resultado es aterradoramente despreciable. Da igual que la transformación desde los elementos químicos simples a la primera célula se hiciera de una vez o mediantes pequeños pasos graduales como propone la biopoyesis, las posibilidades para la aparición de la vida son inconcebiblemente reducidas.

El segundo inconveniente para la evolución química de la vida lo plantea el origen de los nucleótidos. ¿Cómo se pudieron formar al azar estas moléculas que son los monómeros de ácidos nucleicos como el ADN y el ARN? Los nucleótidos están formados por tres sustancias simples: un ácido fosfórico, una base nitrogenada y un azúcar. El primero no constituye un problema pero los otros dos suponen una verdadera pesadilla para la biopoyesis. Freeman lo explica así: «Hasta ahora, sin embargo, nadie ha observado la formación de un nucleótido mediante evolución química. El problema radica en los mecanismos para sintetizar el azúcar y la base nitrogenada de estas moléculas. (…) Sigue siendo un misterio cómo la ribosa llegó a ser el azúcar dominante en la evolución química. Los investigadores del origen de la vida llaman a este asunto 'el problema de la ribosa'. El origen de las pirimidinas es igualmente problemático. En pocas palabras, los investigadores del origen de la vida todavía tienen que descubrir un mecanismo plausible para la síntesis de las moléculas de citosina, uracilo y timina antes del origen de la vida. (…) El problema de la ribosa y el origen de las bases pirimidínicas son dos de los retos más importantes para la teoría de la evolución química»[15]. Después de más de 60 años de investigación, muchos científicos se muestran escépticos respecto a que se pueda dar solución natural a dicho enigma.

Como la evolución química de la vida requiere de alguna molécula que sea capaz de reproducirse o replicarse a sí misma, para que sobre ella y sus descendientes pueda actuar la selección natural, se pensó en un primer momento en el ADN como posible candidato. Después se vio que, en realidad, se trataba de una mala elección. La molécula de ADN es muy estable, contiene mucha información, y esto la hace incapaz de copiarse a sí misma. Resulta tan estable que incluso después de la muerte de los organismos,

15. *Ibid.*, p. 69.

y aunque sea expuesta a diversas condiciones químicas y físicas, el ADN continúa conservando la misma secuencia de bases que cuando estaba en las células vivas. De ahí que, en la actualidad, casi ningún investigador apoye la hipótesis de que la primera forma de vida en la Tierra fuera el ADN. Por el contrario, la mayoría de los evolucionistas defienden la idea de que la vida empezó con el ARN ya que éste contiene también información y, por tanto, se podría concebir que en algún momento hubiera podido copiarse a sí mismo. ¿Es el ARN una molécula catalítica? Es decir, capaz de acelerar la velocidad de las reacciones químicas sin sufrir él mismo ningún cambio químicamente permanente. Pues en efecto, sí lo es.

El Premio Nobel de química en 1989 fue concedido a Sidney Altman y Thomas Cech por demostrar la existencia de ARN catalítico, parecido a las enzimas (*ribozimas*) en los organismos. Desde entonces, se han encontrado ribozimas que catalizan docenas de reacciones diferentes en el interior de las células. El descubrimiento de tales ribozimas marcó un antes y un después en la investigación acerca del origen de la vida. Pronto se pensó en la posibilidad de que una molécula de ARN pudiera haberse copiado a sí misma durante el origen de la vida. Si esto hubiera sido así, entonces a dicha molécula se la debería considerar como la primera entidad viva porque, aunque estuviera desnuda y no rodeada por ninguna membrana celular, poseería capacidad reproductora y sobre ella podría haber actuado la selección natural. A esta propuesta se la conoce como «hipótesis del mundo de ARN».

El problema es que actualmente no existen moléculas autorreplicantes de ARN en las células vivas. Los investigadores partidarios del origen químico de la vida intentan poner a prueba dicha hipótesis imaginando cómo sería el ambiente terrestre en aquel tiempo. Procuran simular el mundo de ARN en el laboratorio con la intención de crear una molécula de ARN que sea capaz de reproducirse a sí misma. Sin embargo, tal estructura replicante todavía no se ha encontrado.

Es menester aquí señalar un hecho curioso. Para intentar conseguir estas hipotéticas ribozimas con capacidad reproductora en los numerosos experimentos de laboratorio se requiere del despliegue de toda una impresionante tecnología química. Cuando se leen tales trabajos en las revistas especializadas, uno se encuentra con acciones y términos como: síntesis controlada, disoluciones precisas, eliminación de productos residuales al vacío, agitación durante un tiempo determinado, control de la temperatura durante todo el proceso, protección contra el contacto directo al aire durante todo el tiempo, interrupción de la reacción en el momento exacto, evaporación en cámara de vacío y centrifugación del producto, inmovilización, purificación, etc. Todo esto nos trae a la mente una cuestión. ¿Pudieron darse todas estas circunstancias tan precisas en el ambiente primitivo? ¿Acaso la evolución química, que por definición está sometida a leyes ciegas y sin propósito, pudo ser capaz de semejante derroche de inteligencia y manipulación sofisticada? ¿Cómo iba la naturaleza a secuestrar los compuestos deseados, apartándolos de reacciones cruzadas destructoras, sin las técnicas y el diseño inteligente de los experimentos que han usado estos investigadores? Sinceramente, creo que estas investigaciones que se publican en revistas prestigiosas adolecen de un mínimo análisis crítico.

Tampoco los hidratos de carbono (azúcares o glúcidos) parece que jugaran un papel demasiado importante en el pretendido origen químico de la vida. Para los principales polisacáridos celulares, como el almidón, el glucógeno o la celulosa, no se han podido encontrar mecanismos adecuados que permitan comprender cómo se hubieran podido formar bajo las condiciones prevalentes al inicio de la historia de la Tierra. La unión de monosacáridos para formar polisacáridos se lleva a cabo en la célula mediante enzimas especializadas. El problema es que tales enzimas no existían en el supuesto ambiente primitivo. ¿Cómo surgieron los hidratos de carbono? ¿De qué manera llegaron a ser tan importantes para las células? Nadie lo sabe.

Se supone que otro gran hito en la historia de la vida fue cuando la hipotética ribozima replicante se rodeó de una membrana. Esto crearía la primera célula y el primer organismo vivo. Aquí entrarían en juego las otras biomoléculas fundamentales: los lípidos. Como éstos tienen la capacidad física de formar vesículas similares a células cuando están en el agua, fueron enseguida elegidos como candidatos presentes en el supuesto caldo prebiótico. Sin embargo, el inconveniente que presentan estas membranas, o bicapas lipídicas, es el de permitir la difusión y la ósmosis, procesos que mueven sustancias disueltas y agua a través de la membrana celular. Esto significa que las diferencias de composición química entre el interior y el exterior de las primeras células tendería a reducirse. Pero si en su interior no hubo un ambiente radicalmente distinto al del medio circundante jamás se hubiera podido generar una verdadera célula. ¿Cómo pudo la bicapa lipídica convertirse en una barrera eficaz capaz de crear y mantener un ambiente interno especializado y tan sofisticado como el de las células actuales? Tampoco lo sabe nadie.

Una vez más se supone que fueron las proteínas quienes solucionaron el problema, instalándose en las membranas y convirtiéndolas en fronteras selectivas que permitían el paso de determinadas sustancias e impedían el de otras. Pero pasar desde una membrana lipídica simple a lo que hoy se conoce de las inteligentes membranas celulares es como pretender cruzar el océano saltando de piedra en piedra. Faltan las piedras en las que apoyarse.

Las dificultades para la teoría evolucionista de la biopoyesis se multiplican exponencialmente cuando ésta se plantea cómo pudo originarse gradualmente la primera célula similar a las que existen en la actualidad.

El biólogo Michael J. Behe escribe: «Los científicos que trabajan en el origen de la vida merecen muchas alabanzas; han abordado el problema mediante el experimento y el cálculo, como corresponde a la ciencia, y, aunque los experimentos no han ido como muchos esperaban, gracias a sus esfuerzos tenemos una idea cabal de las asombrosas dificultades que plantea un origen de la vida basado en procesos químicos naturales. En privado muchos científicos admiten que la ciencia no tiene explicación para el comienzo de la vida»[16]. Esta es la realidad que a algunos les cuesta tanto admitir.

Los seres vivos presentan una tendencia fundamental hacia la finalidad o el propósito, que no se evidencia por ninguna parte en la materia de donde supuestamente proceden. Los organismos se caracterizan por poseer fines, metas o propósitos en sí mismos, pero lo inorgánico no muestra dicha tendencia. ¿Cómo pudo surgir toda esa información que caracteriza lo vivo de una simple colección de moléculas no inteligentes sometidas a fuerzas ciegas y sin propósito alguno? En vez de escoger creer lo imposible: que la vida empezó espontáneamente por casualidad, yo creo que tenemos poderosas razones para aceptar la idea de diseño.

Somos mucho más que nuestros genes

En 1976, Richard Dawkins escribió: «El planteamiento del presente libro es que nosotros, al igual que todos los demás animales, somos máquinas creadas por nuestros genes. (…) Argumentaré que una cualidad predominante que podemos esperar que se encuentre en un gen próspero será el egoísmo despiadado. Esta cualidad egoísta del gen dará, normalmente, origen al egoísmo en el comportamiento humano»[17]. Pues bien, casi cuarenta años después, la lectura del genoma humano no nos permite comprender todavía qué es la vida o por qué somos como somos. Antes de destapar la misteriosa caja de nuestros genes, parecía razonable suponer que tendríamos muchos más que cualquier otra especie viva. Si somos intelectualmente superiores a los demás, ¿no resulta lógico pensar que tal aparente superioridad se refleje también en la cantidad de genes presentes en nuestros cromosomas? Esto daría pie también a que algunos creyeran que, en realidad, sólo somos animales con mayor número de genes y que las diferencias que nos separan de los otros organismos de la naturaleza serían únicamente cuantitativas.

16. Behe, M. J., *La caja negra de Darwin*, Andrés Bello, Barcelona 1999, p. 216.
17. Dawkins, R., *El gen egoísta*, Labor, Barcelona 1979, p. 17.

Desde antes que se gestara el famoso Proyecto Genoma Humano, que culminó el mapeo de nuestros genes en el año 2000, algo parecía presagiar que las cosas no eran tan simples. Se sabía, por ejemplo, que algunos vegetales como los helechos presentaban muchísimos más cromosomas que la especie humana. Éstos son los que contienen los genes que poseen las instrucciones necesarias para elaborar todas las proteínas que necesitamos. La mayoría de nuestras células tienen 46 cromosomas en el núcleo (23 parejas). Sin embargo, el helecho de la especie *Ophioglussum recitulatum* bate el récord con sus 1260 (630 parejas) y es la planta con más cromosomas que se conoce, aunque muchos estén repetidos. Algunas especies de mosquitos tienen seis, los perros 78, los peces de colores del género *Carassius* presentan 94 y las calabazas 18. La especie que tiene menos es una hormiga (*Myrmecia pilosula*), en la cual a las obreras sólo se le conoce un único cromosoma. El número de estas estructuras con forma de bastón es una característica fundamental y fija de cada especie. Si un individuo no tiene la cifra correcta de cromosomas propio de su especie será un ser anormal que presentará deficiencias, en algunos casos incompatibles con la vida. ¿Qué significa todo este galimatías numérico?

Si poseemos menos cromosomas y, por tanto, menos genes que los helechos, ¿es porque somos inferiores a ellos? Supongo que a nadie se le ocurriría responder afirmativamente. ¿Es posible, entonces, que semejantes variaciones nos estén sugiriendo que no somos nuestros genes? Desde luego, la ciencia de la genética es capaz de proporcionarnos mucha información, pero sus respuestas no suelen ser simples ni reduccionistas. El ser humano, después de todo, no parece una máquina de genes egoístas, como creía Dawkins. El misterio de la vida humana continúa mientras las visiones materialistas y reduccionistas se vienen abajo. Sin embargo, hay una diferencia básica entre los misterios de antaño y los de hoy. Antes, el misterio de lo humano se debía al poco conocimiento científico. Hoy, por el contrario, las dudas persisten a pesar de todos nuestros sofisticados conocimientos.

Después del éxito del Proyecto Genoma Humano, supimos que menos de 30.000 genes eran los únicos responsables de organizar una persona completa. En un primer momento, se suponía que por lo menos debían ser cien mil genes. ¿Cómo era posible que el hombre tuviera sólo el doble de genes que una simple mosca del vinagre o de la fruta? La conmoción de los genetistas y demás científicos fue general. Este descubrimiento parecía degradar todavía más el estatus del ser humano. No éramos ya «poco menores que los ángeles», sino solamente algo mayores que las moscas. ¿Qué podía significar todo esto? Pronto se empezó a pensar que durante mucho tiempo habíamos estado confundidos probablemente porque no somos sólo nuestros genes. Si poseemos unos pocos pedazos de ADN más que la pequeña mosca

Drosophila, ¿dónde reside lo que nos hace verdaderamente humanos? El reduccionismo materialista que apuntaba hacia el egoísmo de los genes evolucionados no nos ofrece la verdadera respuesta. Hemos de buscar en otra parte si queremos averiguar lo que somos.

Recientes investigaciones sobre la hibridación del ADN en los chimpancés muestran pequeñas diferencias del orden del 1% en relación al genoma humano. ¿Cómo es que tales resultados no han desencadenado ciclos de conferencias materialistas recalcando que no somos más que simios sin ningún significado trascendente? ¿Acaso no corroboran dichos datos genéticos tal conclusión? Pues no, creo que no. Resulta, más bien, que las similitudes entre los genomas de simios y seres humanos suponen un problema para el darwinismo ateo. De ahí que no se haya hecho demasiada publicidad. Es una obviedad, que todo el mundo reconoce, constatar las múltiples diferencias existentes entre un mono y una persona. Si apenas nos diferenciamos desde la perspectiva genética, ¿dónde reside la biología de nuestra singularidad?

Por si todo esto fuera poco, los últimos recuentos de genes vinieron a empeorar la situación. En el 2003, se reveló que el número de genes humanos no llegaba a los 25.000. Es decir, casi la misma cantidad que posee el pequeño gusano nematodo de la especie *Caenorhabditis elegans*. Un animalito de cuerpo cilíndrico de tan sólo un milímetro de longitud y que se alimenta de bacterias en los ambientes templados. Nunca han tenido tanto sentido las palabras del apesadumbrado Job como hoy, en la era de la genética: ¿Cuánto menos el hombre, que es un *gusano, y el hijo de hombre, también gusano?* (Job 25:6). ¿Cómo podemos tener prácticamente el mismo número de genes que un minúsculo gusano? ¿Dónde encontrar las raíces de la identidad humana? Hoy por hoy, no sabemos qué información relevante del hombre reside en su genoma y cuál no. Es posible que durante las próximas décadas se produzcan avances en este sentido y aprendamos dónde mirar para buscar ese conocimiento que nos falta.

Todo esto tiene también otra repercusión social porque viene a anular las ilusiones de algunos. Se disipa la esperanza de encontrar esos genes a los que echarles la culpa de nuestro propio comportamiento: el gen de la violencia, el gen de la homosexualidad o el gen de la obesidad. Lo que la ciencia puede decirnos hoy es que nuestros genes trabajan en equipo, pero en combinaciones sumamente complejas. Se comunican continuamente unos con otros mientras delinean y ejecutan la sofisticada arquitectura de innumerables proteínas. Gracias a ellas nuestras células permanecen vivas. Los genes del ADN se hablan mediante un leguaje de cuatro letras (las bases nitrogenadas), mientras que las proteínas lo hacen en otro más sofisticado de veinte (los aminoácidos). Existe un sofisticado diccionario bioquímico que traduce de un idioma al otro. Es posible que en cada célula existan diez veces más proteínas que genes. Los investigadores empiezan a pensar que quizá el lenguaje de la vida y de nuestra singularidad haya que buscarlo más en las proteínas que en los propios genes. Como quiera que sea, una cosa sí parece estar clara. Nosotros somos mucho, muchísimo más que nuestros genes.

Aunque quizá la ciencia no termine nunca de explicarnos por completo por qué la conciencia humana no puede reducirse a las neuronas del cerebro y, por tanto, no resulte accesible a la investigación científica. El pensamiento simbólico que nos caracteriza, la captación de significado, el singular uso que hacemos del lenguaje, la capacidad para elaborar conceptos generales y otras muchas cosas, aunque requieran de procesos físicos para su ejecución, son en el fondo fenómenos que rayan lo espiritual. La existencia del «yo» personal del hombre es la realidad más evidente pero también más inexplicable para la ciencia. El «yo» humano no puede ser analizado en términos físicos o químicos. La ciencia no puede descubrir qué es el «yo». Es más bien al revés, es el «yo» quien descubre la ciencia. Pues bien, ¿cómo llegaron a existir la conciencia, el pensamiento y el «yo»? Todos estos fenómenos están por encima de las realidades físicas que son las únicas a las que la ciencia humana tiene acceso. Creo que lo metafísico o espiritual únicamente puede proceder de una fuente metafísica o espiritual. En definitiva, no podemos echar la culpa del egoísmo que nos caracteriza a nuestros genes. La responsabilidad es de nuestra conciencia caída y de eso que la Escritura denomina «pecado». Desde el nivel de la razón y de nuestra experiencia cotidiana, es posible concluir que debemos tener nuestro origen en una fuente sobrenatural. Para mí, dicha fuente es el Dios que se revela en la Biblia.

Derrocados del centro del universo

Los astrónomos del siglo XIX y principios del XX creían que el universo era eterno e infinito. Estaban convencidos de que la idea de una creación u origen del mismo –tal como proponían las religiones monoteístas– no era propiamente científica y debía ser descartada. Sin embargo, había una cuestión que perturbaba poderosamente esta conclusión. ¿Por qué era oscuro el cielo nocturno? ¿Cómo es que durante las noches despejadas podemos observar las estrellas refulgentes brillando en un firmamento ennegrecido? Semejante interrogante se conoce como «la paradoja de Olbers», ya que fue este astrónomo alemán quien la reformuló en 1826, pues ya en el siglo XVII Kepler se había referido también a dicha contradicción astronómica. ¿Por qué se trata de una paradoja? Si el cosmos fuera eterno, estático y sin fin, como entonces creían los científicos, un infinito número de estrellas habrían producido desde su eternidad un firmamento brillante y uniformemente iluminado tanto de día como de noche. El cielo nocturno no tendría por qué ser oscuro sino radiante y luminoso. Pero esto, desde luego, no encajaba con la realidad observable.

La concepción actual de un universo con un pasado finito ha permitido a los astrónomos y cosmólogos resolver dicho acertijo. Hoy sabemos que no existe tal paradoja ya que el mundo tuvo un principio y, por tanto, un cielo nocturno oscuro es una evidencia en sí misma de que hubo un comienzo en el tiempo. Precisamente porque el cosmos no es infinito ni eterno resulta posible descubrir tantas cosas sobre él, a pesar de su enorme tamaño. Además, la vida en un universo que fuera estático y eterno, bañado siempre en una intensa radiación cósmica nociva para las células, seguramente no hubiera podido prosperar a pesar de la protección que supone la atmósfera y el magnetismo terrestres.

Hecha esta breve observación introductoria, me gustaría tratar un concepto, relacionado con nuestro planeta azul y el resto del cosmos, que ha entrado a formar parte de la cultura popular de Occidente. Se trata de la idea conocida como «el principio copernicano de la mediocridad» que suscriben también los proponentes del Nuevo ateísmo. Es una explicación que se enseña tanto en las escuelas como en la universidad y que afirma que la ciencia moderna desplazó al ser humano del prestigioso pedestal en el que se encontraba. El hombre, que se consideraba a sí mismo como el centro del universo y medida de todas las cosas, fue relegado por los descubrimientos científicos a una posición marginal y secundaria. Primero, se comprobó que la Tierra no era el centro geográfico del mundo; después, se pensó que la vida y la inteligencia representaban algo corriente y sin propósito en el universo o que podrían haber surgido también en otros muchos lugares del cosmos; y, por último, que el propio ser humano era tan sólo una especie más, perdida entre las ramas del famoso árbol de la evolución darwinista. El orgullo del hombre fomentado por las religiones quedaba así sin el necesario apoyo de la ciencia. Nuestro lugar en el cosmos no sería excelente, como antes se pensaba, sino mediocre u ordinario. Desde este punto de vista, la Tierra se concibe como uno más de tantos planetas en la inmensidad del cosmos que no tiene nada de significativo o especial. Probablemente existirán –se dice– muchos otros mundos similares a ella, orbitando alrededor de estrellas vulgares como nuestro Sol. Y tampoco nuestra galaxia, la Vía Láctea, sería en esencia diferente del resto de las galaxias del universo para permitir la vida.

Hace casi veinte años, el famoso astrónomo Carl Sagan, comentando una fotografía de la Tierra tomada desde una nave espacial, escribía estas reveladoras palabras: «La Tierra parece estar situada en un haz de luz, como si el mundo tuviese un significado especial, pero se trata sólo de una casualidad de la geometría y la óptica. (…) Nuestra imaginaria autoimportancia, la ilusión de que tenemos una posición privilegiada en el universo se enfrenta al desafío que presenta ese pálido punto de luz. Nuestro planeta es una solitaria mota en la inmensa oscuridad cósmica que le envuelve. En nuestra oscuridad, en esa inmensa vastedad, no hay punto de agarre para firmar que de algún sitio vendrá una ayuda para salvarnos de nosotros mismos»[18]. El ateísmo de Sagan –patente en casi todos sus documentales divulgativos sobre astronomía– corroboraba así el principio copernicano de la mediocridad.

Otros muchos investigadores han venido suponiendo que el universo debe estar repleto de numerosas formas de vida. Por ejemplo, el astrónomo estadounidense, Frank Drake, que fue uno de los pioneros del SETI (organización para la búsqueda de vida inteligente extraterrestre), propuso en 1961 una ecuación para llegar a conocer el número de civilizaciones que podían existir en el universo y que estarían en condiciones de usar señales de radio para comunicarse. Diez años después, usando los cálculos de Drake, Carl Sagan estimó que solamente en nuestra galaxia debía haber un millón de civilizaciones avanzadas.

Pues bien, en el siglo XXI podemos decir que los últimos descubrimientos en diferentes campos han socavado aquel optimismo por los extraterrestres, propio de los años sesenta y setenta del pasado siglo. Han aparecido evidencias, como las que analizaremos en otros trabajos, que sugieren las extraordinarias condiciones necesarias para que pueda darse la vida. Resulta que los requerimientos imprescindibles para la biología compleja son extremadamente raros en el cosmos y la posibilidad de que se den juntos en el momento adecuado en algún otro planeta, que no sea la Tierra, es increíblemente reducida. La euforia por los viajes intergalácticos y los seres inteligentes de otros mundos que se comunican con el ser humano, se ha convertido paulatinamente en un escepticismo científico que sólo aspira ya a encontrar vida bacteriana extraterrestre. Algo que, de momento, tampoco ha ocurrido.

Antes de entrar en detalles astronómicos –algo que como digo haremos en otros artículos–, me gustaría referirme hoy a una cuestión histórica. Es falso decir, como suele ocurrir con demasiada frecuencia, que antes de Copérnico se daba a la Tierra y, por tanto, a los seres humanos que en ella habitamos, una posición de gran prestigio por considerar que residíamos en el centro geográfico del universo, mientras que las observaciones de este gran pionero de la astronomía nos relegaron a un papel secundario e insignificante. Semejante afirmación no se corresponde con la realidad. Veamos

18. C. Sagan, *Un punto azul pálido*, Planeta, Barcelona 1995, p. 7.

por qué. En el esquema metafísico del mundo que se concebía en la Edad Media, el centro de todo no era el hombre sino Dios y éste no residía en la Tierra sino en los cielos. La cosmología medieval anterior a Copérnico no entendía el centro del cosmos como el lugar más privilegiado e importante sino, más bien, como todo lo contrario. Para Aristóteles, la Tierra era una especie de cisterna cerrada donde tierra, aire, fuego y agua se mezclaban con el fin de causar decadencia y muerte. Sin embargo, las esferas celestes de la Luna, los demás planetas que se veían brillar y las estrellas, eran el dominio habitual de lo eterno e inmutable.

El famoso poeta italiano, Dante Alighieri (1265-1321), en su conocida obra maestra la *Divina comedia*, describió los distintos niveles del infierno situando el trono de Satanás en el centro mismo de la Tierra. ¿Cómo podía el hombre medieval considerarse afortunado por habitar un planeta en cuyo centro residía el diablo? No era esta la idea que se tenía entonces. Pues bien, frente a semejante escenario que refleja la obra de Dante, y que supone la transición del pensamiento medieval al renacentista, no es sorprendente que Copérnico, Galileo, Kepler y otros, pudieran argumentar que situar el Sol en el centro (punto de vista heliocéntrico) elevaba el estatus de la Tierra porque la aproximaba a las esferas celestes. Justo lo contrario de lo que hoy se afirma. Lejos de degradar la posición del planeta azul, lo que decían los astrónomos renacentistas es que su nuevo esquema, con el Sol en el centro y la Tierra girando a su alrededor, ensalzaba y prestigiaba nuestro planeta. Estaban convencidos de que esta nueva posición terrestre que ellos defendían sacaba al planeta del antiguo lugar de deshonor que ocupaba en el universo aristotélico para aproximarlo a los cielos. Sin duda, una posición mucho más honrosa.

En este sentido, Galileo manifestó: «...Se puede probar que la Tierra tiene movimiento, que supera a la Luna en brillo y que no es el sumidero en el que el universo recolecta lo sucio y lo efímero»[19]. Casi siempre que se habla de Galileo, Copérnico o Kepler, esto no se tiene en cuenta. Más bien se dice que estos pioneros de la astronomía lucharon en la búsqueda científica de la verdad contra la superstición religiosa y oscurantista. Se llega así fácilmente a la errónea conclusión de que los científicos son honestos porque persiguen siempre la verdad, mientras que los creyentes serían malos porque no la buscan o anteponen sus ideas preconcebidas a ella. Al realizar tales planteamientos estereotipados y reduccionistas, se olvida que Copérnico fue durante toda su vida un creyente que aceptaba el mundo como creación de un Dios omnipotente que amaba las matemáticas; Galileo, incluso después de ser censurado por la Iglesia católica y obligado

---

19. Galileo, *Siderus Nuntius*, citado en González, G. & Richards, J. W., *El planeta privilegiado*, Palabra, Madrid 2006, p. 274.

a retractarse, fue siempre un firme creyente que continuó recibiendo una pensión de la Iglesia durante el resto de su vida; y Kepler, un protestante luterano profundamente comprometido con su fe, que siguió la lógica de Copérnico en la búsqueda de las leyes del cosmos.

Lo cierto es que la gran mayoría de los estudiosos que protagonizaron la Revolución científica del Renacimiento fueron creyentes en la existencia de un Dios creador. Es innegable que la ciencia moderna surgió en un tiempo y en un lugar donde imperaban los valores y las convicciones teológicas judeocristianas. Y esto, difícilmente puede tratarse de una coincidencia. A pesar de todo, el ser humano es muy dado a elaborar mitos históricos y estereotipos que arraigan en la cultura de los pueblos y se transmiten de generación en generación. No obstante, me parece relevante y necesario desenmascarar dichos mitos siguiendo aquél sabio consejo dado por el apóstol Pablo a su discípulo Timoteo: «Desecha las fábulas profanas… Ejercítate para la piedad» (1 Tim. 4:7).

La Tierra no es mediocre

A principios de 1543 falleció el monje y astrónomo polaco Nicolás Copérnico. Durante muchos años estuvo trabajando en la teoría de su vida: el heliocentrismo. La idea de que la Tierra giraba alrededor del Sol y no al revés, como hasta entonces se pensaba. Actualmente se ha extendido el mito que afirma que, en la época de Copérnico, la mayoría de las personas creían que la Tierra era plana. Nada más lejos de la verdad. Las escuelas del momento enseñaban la visión griega de que nuestro planeta era una esfera. Fue el escritor estadounidense del siglo XIX, Washington Irving, quien se inventó la leyenda de que durante la Edad Media se pensaba que la Tierra era plana. Pero, en realidad, no era así[20].

Pues bien, Copérnico fue plenamente consciente de que su teoría, que había sido presentada al papa Pablo III, sería controvertida sobre todo entre los astrónomos. Éstos asumían el sistema ptolemaico que, durante mil doscientos años, venía diciendo que el Sol giraba alrededor de la Tierra (geocentrismo). Este sistema funcionaba pero requería constantes y tediosas correcciones. Incluso se dice que Alfonso X el Sabio (1221-1284), cientos de años antes, había comentado: «Si yo hubiera estado presente en el momento de la creación, habría ofrecido algunas sugerencias útiles para ordenar mejor el universo»[21]. Semejante presunción de querer hacer las cosas mejor que el Creador, comprensible desde la visión del geocentrismo, sigue hoy en boca de algunos paladines del Nuevo ateísmo, en relación a

20. O'Leary, D., ¿Por diseño o por azar?, Clie, Terrasa 2011, p. 39.
21. *Oxford Dictionary of Thematic Quotations*, 2000.

otros temas. Un segundo mito que envuelve la historia de Copérnico –tal como se vio la pasada semana– es el de que los filósofos medievales pensaban que la Tierra era el centro del universo porque era muy especial. En realidad, creían todo lo contrario. Estaba en el centro precisamente por no tener nada de especial. Se trataba de un planeta rocoso, pesado, inferior y desde luego no era un cuerpo «celeste». Todos los objetos pesados caían hacia su interior que era progresivamente más caliente. De manera que allí debía estar el infierno, en el peor lugar del cosmos. Desde luego, Copérnico no lo tenía fácil. Su teoría desmontaba muchos mitos de la época.

Paradójicamente, aquella afirmación copernicana de que la Tierra no está en el centro del Sistema Solar ha venido evolucionando hasta convertirse en una doctrina filosófica que asume que el planeta y sus habitantes no son significativamente especiales. Si la Tierra no es el centro, el ser humano tampoco. Pero, resulta que Copérnico estaría absolutamente en contra de semejante conclusión. Trasladar la Tierra desde el centro infernal a una posición próxima a los demás cuerpos celestes era elevarla en rango y dignidad. A pesar de todo, a este principio anti-copernicano de la mediocridad de la Tierra y sus moradores se le ha colocado la rúbrica de Copérnico. ¿Qué predicciones realiza dicho principio?

En primer lugar, se dice que la Tierra no está excepcionalmente dotada para la vida y que posiblemente hay vida en otros planetas ya que ésta debe ser algo común en el universo. ¿Es esto así? Veamos las siguientes características contrarias a dicha predicción que confirman que el planeta Tierra no tiene nada de común. El sistema formado por la Tierra más la Luna no sólo hace posible la vida, sino también el conocimiento científico. El gran satélite plateado estabiliza y conserva la inclinación del eje terrestre, con lo cual hace posible un clima más estable que favorece la existencia de los organismos. Si su masa fuese diferente causaría importantes fluctuaciones climáticas incompatibles con la existencia de vida en la Tierra. Por otro lado, si la órbita de la Tierra fuera un poco más grande de lo que es, la temperatura en su superficie variaría notablemente y ésta sería menos habitable. La Luna provoca mareas en los océanos que remueven los nutrientes marinos y los mezclan con los que arrastran los ríos desde la tierra. Esto genera zonas litorales fértiles que contribuyen al ciclo de la vida acuática.

Como el Sol está alrededor de cuatrocientas veces más lejos de la Tierra que la Luna, pero es también cuatrocientas veces más grande, resulta que ambos cuerpos aparecen con el mismo tamaño en nuestro cielo. Esto hace que los eclipses de la Tierra sean los mejores del Sistema Solar y que, por tanto, un observador situado en nuestro planeta pueda discernir mejor pequeños detalles de la cromosfera del Sol y de su corona que desde cualquier otro planeta. Los eclipses de Sol han permitido el avance de la astronomía ya que han ayudado a descubrir la naturaleza de las estrellas, han proporcionado un experimento natural para probar la teoría de la relatividad de Einstein y han servido para medir el retraso de la rotación terrestre. El Sol, la Tierra y la Luna constituyen los componentes primarios de un espectroscopio gigante. Es posible interpretar la luz de las estrellas distantes y determinar su composición química.

La forma de la sombra circular de la Tierra sobre la Luna indicó ya a los antiguos griegos, como Aristóteles, que nuestro planeta era una esfera. La Luna actúa como un telescopio gigante ya que permite detectar objetos muy pequeños o muy juntos para poderlos medir desde la superficie terrestre. Si la Tierra estuviera más cerca del Sol sería como un invernadero con calefacción y tendría una atmósfera espesa como la de Venus, imposible para la vida. Pero si estuviera más lejos necesitaría más dióxido de carbono en su atmósfera para mantener el agua en la superficie. Algo que también iría contra la vida animal. Por tanto, nuestro planeta, es el lugar más habitable de todo el Sistema Solar y además posee la mejor vista de eclipses solares en el momento en el que los observadores los pueden apreciar mejor. Luego, la Tierra es un planeta único, privilegiado para la habitabilidad y la mensurabilidad. Esta es la tesis que defienden Guillermo González y Jay W. Richards en su libro: El planeta privilegiado[22].

En la misma línea de observaciones, sabemos que el campo magnético terrestre sirve como primer escudo de defensa contra las partículas de los rayos cósmicos de las galaxias, capaces de generar otras partículas secundarias que pueden atravesar nuestros cuerpos y producir daños en las células. La Tierra tiene el tamaño adecuado para la vida. Si fuera algo más pequeña sería menos habitable ya que variaría su gravedad, perdería la atmósfera con rapidez y su interior se enfriaría demasiado como para poder generar un fuerte campo magnético. Los planetas más pequeños tienden a tener órbitas peligrosamente erráticas. Y al revés, si fuera más grande tendría mayor gravedad y atmósfera. Pero una alta presión en superficie haría disminuir la evaporación del agua y se incrementaría la viscosidad del aire, haciendo la respiración más difícil.

Mucha gente asocia los terremotos con muerte y destrucción, pero, irónicamente, los seísmos son una inevitable muestra del desarrollo de fuerzas geológicas muy ventajosas para la vida. El calor que fluye desde el interior de la Tierra es el motor que produce la convección del manto y los movimientos de la corteza que construyen montañas y reciclan el dióxido de carbono de la atmósfera. Fenómenos todos que hacen la Tierra más habitable. La atmósfera terrestre es lo suficientemente espesa para permitirnos respirar y protegernos de los peligrosos rayos cósmicos, mientras que,

---

22. González, G. & Richards, J. W., El planeta privilegiado, Palabra, Madrid 2006.

a la vez, es lo bastante transparente para poder ver las estrellas. Este frágil equilibrio constituye de forma notable algo muy improbable. No conocemos ningún otro planeta en el universo que reúna estas condiciones. A pesar de todo esto, todavía hoy muchos creen que el origen de la vida es sólo un asunto de encontrar agua líquida en cualquier lugar del cosmos durante unos pocos millones de años. Aunque en la actualidad nadie espera encontrar vida avanzada o inteligente en algún planeta del Sistema Solar, sí que creen que la vida microbiana «simple» sea algo común en el universo.

Mercurio es el planeta más cercano al Sol, lo que significa que es un mundo de ceniza desolado muy parecido a la Luna. Las temperaturas del suelo por la tarde pueden alcanzar fácilmente los 227 grados centígrados, mientras que al anochecer éstas son capaces de descender a unos 173 grados bajo cero. No hay agua ni atmósfera, por lo que resulta absolutamente inhóspito para la vida. Venus está más cerca de la Tierra pero es un auténtico infierno. Tiene una densa atmósfera de dióxido de carbono que mantiene una temperatura en superficie de 477 grados centígrados y una presión atmosférica noventa veces superior a la terrestre. Si, a pesar de tal temperatura, un ser humano consiguiera estar sobre la superficie de Venus, estaría sometido a una presión comparable a la que existe a unos mil metros bajo el mar. Así como la atmósfera terrestre posee gotitas de vapor de agua, la atmósfera venusiana tiene gotitas de ácido sulfúrico, capaz de corroer cualquier aparato o ser vivo. El medio ambiente de Marte no favorece tampoco el crecimiento ni la reproducción de organismos terrestres (al menos en los lugares en que hasta ahora se ha aterrizado). La intensa radiación ultravioleta que llega a su superficie bastaría para aniquilar a la mayoría de las bacterias terrestres, y además los oxidantes del suelo destruirían cualquier molécula orgánica. A pesar de ello, su atmósfera de dióxido de carbono así como el hielo polar capaz de fundirse, han hecho pensar a muchos científicos en la posibilidad de que poseyera vida microscópica o la hubiera tenido en el pasado. No obstante, por lo que sabemos hoy, el suelo de Marte carece de moléculas orgánicas complejas.

Según nos movemos hacia afuera en el Sistema Solar, las condiciones de vida se van poniendo peor. Júpiter es el mayor de los planetas del sistema solar. La Tierra cabría de sobra en el interior de su característico sistema tormentoso ovalado que gira como un enorme remolino en el cielo de Júpiter. Tiene una espesa atmósfera formada en un 88% aproximado de gas de hidrógeno molecular y un 11% de helio. El uno por ciento restante está constituido por metano, amoníaco, agua, monóxido de carbono y otros compuestos menores. La superficie del planeta no es sólida sino líquida. No hay continentes, ni islas, sólo un inmenso y único océano viscoso de hidrógeno líquido sobre el que se eleva una espesa niebla formada por gotitas de amoníaco y agua. Júpiter no es apto para la vida, es más bien, un lugar desierto y terrible. De las dieciséis lunas que se le conocen a Júpiter, algunas han sido propuestas como candidatas para encontrar en ellas moléculas orgánicas o incluso vida microscópica. Este es el caso de Europa, un satélite que genera mucho calor como consecuencia de la deformación mareal. La atracción que sobre él ejerce el inmenso Júpiter lo deforma y esto produce un gran aumento de temperatura en su interior. Europa está formada principalmente por agua helada y, desde el espacio, parece una blanca bola de billar. Se trata de un astro rocoso cuya corteza, que puede alcanzar entre 100 y 300 kilómetros de espesor, es de hielo bastante puro con muy pocos contaminantes y carece por completo de volcanes. La exobiología –disciplina que busca vida extraterrestre– sugiere la posibilidad de que a cierta profundidad bajo el hielo, pudiera existir un océano de agua líquida capaz de alojar vida microscópica, similar a las algas que existen bajo los hielos del Ártico o la Antártida. De nuevo, todo se basa en suposiciones que hoy por hoy son imposibles de verificar.

No obstante, esta posibilidad presenta tres serios inconvenientes: primero, si hay un océano de 100 kilómetros de espesor como mínimo bajo la superficie helada de Europa, (es decir, veinte veces más profundo que los océanos de la Tierra) ejercerá una presión tan elevada que resultará incompatible con cualquier forma microbiana de vida. Los seres vivos no pueden tolerar una presión arbitrariamente elevada; segundo, incluso aunque alguna forma extraña de vida pudiera tolerar semejantes presiones, la luz del Sol no puede penetrar el espeso hielo y eso implica que los océanos de Europa tienen muy poca energía disponible para la actividad biológica; y en tercer lugar, los océanos de Europa pueden ser un inmenso Mar Muerto del tamaño del planeta, demasiado salados para mantener la vida. Su congelación periódica hace que el agua líquida se vuelva más salada ya que la sal no se incorpora al hielo, y esto mataría a los seres vivos.

Por tanto, después de examinar todos los cuerpos celestes que constituyen el Sistema Solar, no parece que la vida sea ese fenómeno emergente que tiende a aparecer por doquier con relativa facilidad, cuando confluyen esas tres condiciones casi mágicas que propone la exobiología: agua, energía y los elementos químicos característicos de la materia orgánica. Más bien se confirma la hipótesis contraria. A saber, que la vida es una manifestación altamente singular y especializada, propia de un mundo con características tan especiales como las del planeta Tierra.

Excelencias del planeta azul

La segunda predicción del principio de la mediocridad –mal atribuido a Copérnico, según vimos– afirma que el Sol es una estrella bastante ordinaria y típica. Hoy podemos decir, sin embargo, que el Sol no se ajusta para nada a esta afirmación ya que es bastante atípico. De hecho, se encuentra entre el 9% de las estrellas con mayor masa de la Vía Láctea. Su luz varía bastante menos que la media de la luz de estrellas similares a él en edad y actividad de manchas solares, evitando así que se produzcan cambios radicales del clima en la Tierra. A la vez, sus particulares condiciones abren información científica vital de un modo más abundante que muchos tipos de estrellas que son más comunes en el cosmos.

La tercera predicción dice que el Sistema Solar es también típico y que cabe esperar que haya muchos sistemas como él. No obstante, los descubrimientos de otros planetas extrasolares vienen a contradecir esta afirmación. La mayor parte de tales planetas tienen órbitas excéntricas que describen elipses muy estrechas y alargadas, bastante en contraste con los planetas de nuestro Sistema Solar. Aún no se tienen suficientes datos, pero los que se van recopilando sugieren que el nuestro es un sistema muy atípico en relación a su habitabilidad.

Una cuarta predicción de mediocridad afirma que el número y tipo de planetas y satélites de un sistema tienen poco que ver con la existencia de vida en ellos. Esta aseveración también está equivocada ya que los planetas grandes, como por ejemplo Júpiter, protegen a la Tierra de los impactos provocados por meteoritos o asteroides. Si no fuera por este gran gigante gaseoso tampoco podríamos habitar nuestro querido planeta azul. Probablemente alguna colisión catastrófica nos habría borrado ya del universo. ¿Casualidad o diseño?

La quinta predicción dice que la localización de nuestro Sistema Solar en la Vía Láctea carece de importancia. ¿Es esto así? El Sistema Solar está localizado en la Vía Láctea a miles de años luz del centro de la galaxia y cerca de un brazo espiral. Los defensores del principio de Copérnico vieron este descubrimiento como una confirmación de su teoría. Sin embargo, ahora sabemos que el centro de la galaxia, lo mismo que el infierno de Dante, es el último lugar donde querríamos estar. En el centro de las galaxias hay agujeros negros, zonas polvorientas, luz contaminada con rayos gamma, radiación abrasadora y no es posible de ninguna manera la vida. Nuestro Sistema Solar está ubicado dentro de una estrecha región habitable del espacio. Ocupamos el mejor lugar de la galaxia no sólo para vivir, sino también para aprender sobre las estrellas y el universo. Igual que existe una Zona Habitable Circumestelar en nuestro Sistema Solar, también hay una Zona Habitable Galáctica que permite la existencia de agua líquida para la vida en este preciso lugar de la Vía Láctea.

Dice la sexta proposición de la mediocridad que nuestra galaxia no es particularmente excepcional o importante y que la vida puede existir en cualquier galaxia. Esto tampoco parece ser así. Las grandes galaxias en espiral como la Vía Láctea son más habitables que las galaxias de otras edades y tipos. Alrededor del 98% de las galaxias del universo local son menos luminosas y más pobres en metales que la Vía Láctea. Hay galaxias enteras desprovistas de planetas como la Tierra. Por tanto, nuestra galaxia es un hogar especialmente adecuado para el Sistema Solar.

La creencia de que el universo era eterno en el tiempo e infinito en espacio y materia se mantuvo hasta que a principios del siglo XX, Edwin Hubble, descubrió los corrimientos al rojo, las distancias de las galaxias y dedujo la expansión del universo. Otros descubrimientos posteriores, como la radiación cósmica de fondo de microondas y la relativa abundancia de isótopos de elementos ligeros, vinieron a corroborar dicha idea. Hoy se asume la teoría del Big Bang, que acepta que el universo tuvo un principio en el tiempo, igual que la Tierra y el resto de los astros. Pero, al no querer aceptar esta evidencia, pues la noción de creación no les gusta, algunos científicos han sugerido el modelo de un «universo oscilatorio». La idea de que nuestro universo sería sólo un episodio de un ciclo de Big Bangs, expansiones y regresiones. Sin embargo, esta teoría presenta serios inconvenientes: la energía disponible para el trabajo de expansión decrece con cada ciclo sucesivo, por lo que el universo, si es eterno, habría alcanzado ya un equilibrio inerte hace tiempo; las medidas realizadas sugieren que el universo tiene solamente una fracción de la masa requerida para crear una contracción gravitacional en primer lugar; y no sólo la expansión del universo no está ralentizándose lo suficiente para implicar una posible contracción, sino que realmente está acelerándose. La teoría del Big Bang implica que el universo no es eterno ni infinito. Además, nuestro tiempo y lugar en el cosmos están bien sintonizados para la vida inteligente y el desarrollo de la tecnología.

Otra predicción mediocre afirma que las leyes físicas no están especialmente preparadas para la existencia de vida inteligente. Se ha comprobado que esto tampoco es así. Las leyes del universo parecen intrincadamente bien afinadas para la existencia de vida en la Tierra. En su última época, el astrofísico Fred Hoyle, un astrónomo manifiestamente ateo, escribió: «Una interpretación de sentido común de los hechos sugiere que un superintelecto ha jugado con la física, y también con la química y la biología, y que no hay fuerzas ciegas de las que valga la pena hablar en la naturaleza»[23]. Esta conclusión obviamente no era de su agrado, pero no tuvo más remedio que reconocerla ante la abrumadora cantidad de hechos que la demandaban. Desde entonces, lentamente, se ha venido reconociendo que el universo

23. Hoyle, F., *The universe: Past and Present Reflections*: Annual Review of Astronomy and Astrophysics 20 (1982) 16.

tiene una especie de «ADN cósmico». Toda una serie de factores que han venido colaborando entre sí con gran precisión para permitir nuestra existencia. Esto se conoce como el principio Antrópico. Tales coincidencias serían como los «genes del universo» que han codificado la formación de la vida. Existen notables correlaciones entre la constante gravitatoria, la constante de Plank, las singulares propiedades de la molécula de agua, y muchos otros precisos números de la física y la química del universo, en los que una leve desviación de sus equilibrios haría imposible la vida humana en la Tierra. Estos valores parecen haber sido finamente ajustados para permitir la existencia del ser humano. La ciencia contemporánea no puede evitar un componente antrópico y viene a decirnos que, después de todo, sí parecemos importantes para alguien. A muchos cosmólogos ateos les repugna esta idea y procuran encontrar vías de escape. Sin embargo, los hechos son los hechos.

No queda más remedio que reconocer que el principio de la mediocridad ha fracasado al interpretar el mundo. Es verdad que ni la Tierra ni el Sol son el ombligo del universo. Es cierto que el ser humano no habita en el centro geográfico o espacial del cosmos, entre otras cosas porque el universo, tal como lo concibe la teoría del Big Bang, no tiene centro. No obstante, ¿acaso no es verdad que, en cierto sentido, hemos anidado en el verdadero «centro» del universo? No en un trivial sentido espacial, sino con respecto a la habitabilidad y a la *mensurabilidad*, es decir, a la posibilidad de medir e investigar el cosmos. Este hecho contradice todas las expectativas del principio de Copérnico y constituye por sí mismo otro principio que podríamos llamar el «principio de la Excelencia». A veces, da la impresión que puesto que la Tierra y sus habitantes son diminutos en comparación con todo el universo, también somos insignificantes. Esta es la idea que parece expresar el salmista: *Cuando veo tus cielos, obra de tus dedos, la luna y las estrellas que tú formaste, digo: ¿Qué es el hombre para que tengas de él memoria, y el hijo del hombre para que lo visites?* (Salmo 8:3-4). Se trata de algo obvio que expresa la pequeñez humana comparada con la grandeza de Dios.

Sin embargo, el tamaño físico no es un indicador fiable de significado. Nosotros o la misma Tierra, debemos ser realmente importantes, puesto que, en la escala de tamaños que va desde los *quarks* hasta el universo, nos encontramos extrañamente cercanos a la mitad. El punto de vista oficial hoy entre los científicos y académicos es que la noción de diseño inteligente no es científica o al menos resulta superflua para la práctica de la ciencia natural. No obstante, después de observar los hechos, creo que esa opinión no está acertada. El diseño es la mejor explicación para el origen de las criaturas, así como para la correlación entre habitabilidad y mensurabilidad. Un universo tan hábilmente labrado para la vida y para la investigación científica, parece ser el susurro de una inteligencia extraterrestre inconmensurablemente más grande, más antigua y más espléndida que cualquier otra cosa que pudiéramos imaginar.

La Biblia no sólo afirma que *en el principio creó Dios los cielos y la tierra* (Gn 1:1), sino que también somos especialmente importantes para él. Por eso nos colocó en un marco idóneo. Nuestra ubicación en el cosmos es la mejor no sólo para poder vivir, sino también para hacer ciencia. Y no sólo nos puso en este medio ambiente adecuado, sino que asimismo nos visitó en la persona de Jesucristo. Si Dios es el diseñador supremo que lo hizo todo con un propósito, nuestra vida tiene sentido, la moralidad un sólido fundamento y, por tanto, podemos saber cómo debemos vivir.

CAPÍTULO 3
La mala teología del nuevo ateísmo

Como es sabido, el biólogo ateo Richard Dawkins defiende en sus escritos la idea de que la religión es, en general, la raíz de casi todos los males que hay en el mundo. De tal convicción, saca la motivación principal para arremeter tenazmente contra la probabilidad de la existencia de Dios ya que, según él, toda creencia en el Ser Supremo es una especie de espejismo que puede resultar muy peligroso para la humanidad. La presencia o ausencia de la divinidad es considerada en sus obras como si, en efecto, se tratase de un asunto susceptible de ser analizado científicamente, aunque admite que de momento no está resuelto. ¿Cómo se podría experimentar con Dios?

Si realmente existiera un Creador inteligente, sus huellas deberían resultar evidentes en el cosmos. Sin embargo, si su realidad fuese solamente una ilusión –como cree Dawkins–, el universo mostraría por el contrario signos que reflejarían la no existencia de Dios. Un mundo con Dios y otro sin él tendrían que ser radicalmente distintos. Ahora bien, ¿qué respuesta ofrece la naturaleza? ¿Cómo es el mundo según los datos de la ciencia?

El propio autor reconoce que el universo y la vida parecen decir que existe una inteligencia sobrenatural que diseñó y lo creó todo, incluido el ser humano. En el prefacio de su libro, *El relojero ciego*, escribe: «La complejidad de los organismos vivos va pareja con la elegante eficiencia de su diseño aparente. Si alguien no está de acuerdo con que este diseño tan complejo pide a gritos una explicación, me rindo»[1]. Pero, por supuesto, Dawkins no se rinde. Dedica el resto del libro a defender la idea de que los mecanismos de la evolución han sido los únicos responsables del aparente diseño que evidencia la naturaleza. En su opinión, no se necesita para nada un diseñador divino ya que la acción ciega de la selección natural es capaz de hacerlo igual de bien. Hasta mediados del siglo XIX casi todo el mundo estaba convencido de la existencia de una inteligencia sobrenatural que creó el universo y la vida, pero a partir de Darwin las cosas cambiaron. Se empezó a creer que las múltiples evidencias de diseño eran consecuencia

---

1. Dawkins, R., *El relojero ciego*, ePUB, 1986 (p. 7).

de la acción azarosa de la evolución y, por tanto, la existencia de Dios se volvió cada vez más improbable.

Uno de los argumentos a los que se refiere Dawkins para explicar por qué cree que Dios es tan inseguro, es lo que llama «el gran experimento de la oración»[2]. El físico británico Russell Stannard llevó a cabo este curioso experimento, que patrocinó la Fundación Templeton (gastándose 2,4 millones de dólares), con el fin de probar experimentalmente que la oración mejoraba la salud de los pacientes con problemas cardíacos. Se eligieron 1.802 enfermos al azar de seis hospitales, a los que se les había implantado un *bypass*. Éstos no se conocían entre sí, ni a los médicos, ni a quienes oraban por ellos. Se les dividió en tres grupos: el primero, formado por pacientes que recibían oraciones y no lo sabían; el segundo (grupo control), no recibían oraciones y tampoco lo sabían; mientras que el tercer grupo recibían oraciones y eran conscientes de ello. Las personas encargadas de orar fueron seleccionadas también entre tres iglesias: una de Minnesota, otra de Massachusetts y la tercera de Missouri. Los resultados de tan temerario experimento fueron publicados en el número de abril del 2006 de la revista *American Heart Journal*. Al parecer, las conclusiones obtenidas no dejaban lugar a las dudas. No había ninguna diferencia entre la mejoría de los pacientes por los que se había estado orando y aquellos otros por los que no. El regocijo de Dawkins ante semejante resultado era previsible. Si existe un Dios personal que escucha todas las oraciones, ¿por qué no responde? ¿No se debería interpretar dicha falta de respuesta en el sentido de que, sencillamente, Dios no existe?

Hay un error fundamental en este experimento de la oración: *con Dios no se pueden hacer experimentos científicos*. No es posible ponerle a prueba mediante la metodología humana porque no está constituido por átomos, moléculas, células o fuerzas físicas. Dios no es una causa natural, sino un ser espiritual, racional y personal. Semejante intento de ponerle a prueba es una humillación para la divinidad. Pretender examinarle según nuestros criterios constituye un insulto a Dios del que deberíamos avergonzarnos. No se le ultraja por rogarle en oración que sane a un enfermo, se le ofende cuando esto se le pide en el marco de una manipulación experimental humana. Mediante tal práctica colocamos nuestra razón por encima de la fe como hizo Tomás, mereciendo la recriminación de Jesús: «Porque me has visto, Tomás, creíste; bienaventurados los que no vieron, y creyeron» (Jn 20:29).

Como no creo que este versículo impresione demasiado a Dawkins, me lo imagino replicando, a pesar de todo, que si hay un Dios bueno siempre curará al que se lo pide, como hace cualquier médico si está en su mano.

2. Dawkins, R., *El espejismo de Dios*, ePUB, 2011 (p. 58).

Sin embargo, esta réplica incurre en un segundo error. *El de suponer que Dios hará aquello que nosotros pensamos que debe hacer.* En realidad, el experimento de la oración pretende comprobar solamente la omnipotencia divina para curar al enfermo. Pero es incapaz de averiguar la existencia de Dios, precisamente porque él es mucho más que un simple sanador de dolencias físicas. Si existe un Creador sobrenatural, personal, sabio y sobrehumano, resulta del todo imposible comprobar únicamente su poder para curar, porque esta cualidad particular no representa todo lo que Dios es. La omnipotencia divina va inseparablemente unida a su sabiduría y benevolencia sobrenatural. En el Creador se conjugan de manera indisoluble los atributos de la inteligencia, el amor y todo poder. Es imposible, por tanto, comprobar únicamente uno de ellos.

No debemos concebir a Dios como si fuera un ser humano elevado a la enésima potencia. No podemos saber cómo percibe y actúa suponiendo cómo lo haríamos nosotros si tuviéramos su poder. Hay una gran diferencia entre lo que es en realidad el Altísimo y aquello que nosotros pensamos que debería ser. El Dios que pretende poner a prueba Richard Dawkins es sólo una versión muy amplificada de él mismo. Por eso no lo ha encontrado todavía. Pero nosotros, por desgracia, no somos seres espirituales, omniscientes, omnipotentes y absolutamente bondadosos. No somos dioses, aunque algunos se lo crean.El error de Dawkins, de considerar a Dios como un ser natural complejo que ha evolucionado, se observa en estas palabras: «Cualquier inteligencia creativa, con suficiente complejidad como para diseñar algo, sólo existe como producto final de un prolongado proceso de evolución gradual. Las inteligencias creativas, tal cual han evolucionado, llegan necesariamente tarde al Universo, y por lo tanto, no pueden ser las responsables de su diseño. Dios, en el sentido ya definido, es un espejismo; y tal como se muestra en capítulos posteriores, un espejismo pernicioso»[3]. Este argumento demuestra, una vez más, el equivocado concepto de Dios que posee Dawkins.

Si Dios hubiera evolucionado, como sugiere él, no sería Dios. Imaginar que la inteligencia del Sumo Hacedor es como una versión potentísima de la nuestra no nos permite saber qué significa realmente ser Dios. Él es una mente sin cerebro ni cuerpo físico capaz de diseñar y crear el universo. Su intencionalidad y premeditación son anteriores a las leyes del cosmos y las explican por completo. Su inteligencia, que es de una clase completamente distinta a la nuestra, precede a la materia y, por supuesto, a cualquier transformación de ésta. Dios es puramente espiritual por definición. No está formado por átomos. Lo sabe todo, lo puede todo, nos ama a todos –incluso a los incrédulos como Dawkins–. Comprende totalmente todas las posibles

3. *Ibid.*, p. 30.

repercusiones de cualquier acción, así como el bien espiritual y material que se derivaría de ellas, no sólo para el creyente que ora, sino para todos los demás en el presente y en el futuro. Tal es el Dios cuya existencia hay que probar y no el que evoluciona según el darwinismo gradualista.

Frente a este verdadero Dios, cualquier resultado del experimento de la oración resulta positivo. Él responde a las oraciones teniendo en cuenta siempre aquello que es verdaderamente bueno no sólo para quien lo pide, sino también para todos los seres humanos presentes y futuros. No se trata solamente del bien de la sanación inmediata e individual, sino del bien espiritual y de la inmensa red de bienes múltiples que se entrecruzan en los distintos niveles posibles. Para comprender perfectamente las respuestas de Dios a nuestras oraciones deberíamos poseer su infinita sabiduría y bondad.

El teólogo católico Scott Hahn se refiere a la labor de los médicos para poner un ejemplo de lo que podría ser el papel de Dios antes las oraciones de sus hijos[4]. Los profesionales de la medicina se encuentran a menudo con pacientes gravemente enfermos de enfisema pulmonar que, por supuesto, desean curarse, pero no están dispuestos a dejar de fumar. Alcohólicos que pretenden sanar su deteriorado hígado, pero no consiguen dejar de tomar bebidas alcohólicas. Conductores temerarios que anhelan caminar bien, después de un serio accidente de tráfico, pero no están dispuestos a conducir con prudencia ni a dejar de poner en peligro las vidas de los demás. Enfermos de cualquier tipo de cáncer, que durante años han venido amargando las vidas de sus familiares y continuarán haciéndolo si se curan. Se podrían poner muchos ejemplos más parecidos a éstos. Pues bien, si un médico humano se da cuenta de tales aspectos en su trabajo diario, ¿cuánto podrá saber un Dios omnisciente?

Es difícil que un materialista entienda que el bien espiritual esté por encima del bien material o físico. Pero para los cristianos es así. La curación última de toda enfermedad o dolencia física es, de hecho, la muerte. El bien final con el que debemos comparar cualquier bien material, como es la propia sanación, es sin duda la vida eterna. Esto es lo que nos indica la cruz de Jesucristo. Allí fue donde verdaderamente Dios se puso a prueba. Ese fue el gran experimento. Cristo sudó sangre en Getsemaní, le pidió al Padre si era posible dejar de beber aquella amarga copa y lanzó un último grito al sentirse abandonado mientras cargaba nuestro pecado. Tal es el auténtico escenario que le da sentido a todo y en el que debemos formular todas las preguntas sobre el bien último: los alrededores de la tumba vacía de Jesús.

---

4. Scott, H., *Dawkins en observación*, Rialp, Madrid 2011, p. 88.

Dios no evoluciona

El reduccionismo cree que la biología *no es más que* física y química. Esta forma de pensar niega la posibilidad de que algunos fenómenos biológicos posean propiedades que estén más allá del dominio puro de la química o la física. Desde tal perspectiva, los seres vivos *no son más que* agregados de sustancias químicas y éstas *no son más que* agrupaciones de átomos físicos. Cuando se intenta enfocar la mente humana mediante semejante microscopio reduccionista, resulta que los procesos mentales *no son más que* interacciones entre las neuronas del cerebro. La psicología *no es más que* neurofisiología. La mente, la conciencia y el «yo» personal *no son más que* la sudoración cerebral. Por supuesto, el reduccionista que piensa así se cierra también a la posibilidad de la existencia de Dios y a que las personas posean una dimensión trascendente. Creo que el reduccionismo es como un cinturón que aprieta demasiado y ahoga lo mismo la razón que la realidad.

El biólogo reduccionista, Richard Dawkins, niega que Dios pueda existir como el Creador que ha diseñado inteligentemente el universo y la vida. ¿En qué fundamenta tal negación? Según él, todo lo que es real debe su existencia a la evolución. Un ser divino, con la suficiente inteligencia y poder como para crear el mundo, debería ser él mismo también fruto de la evolución. Esto exigiría, a su vez, una explicación evolutiva de la aparición de su inteligencia divina. Y si resulta difícil –por no decir imposible– dar razón del origen evolutivo de la inteligencia humana, cuanto más lo sería en el caso de la inteligencia de Dios. En este sentido, escribe: «Cualquier inteligencia creativa, con suficiente complejidad como para diseñar algo, sólo existe como producto final de un prolongado proceso de evolución gradual. Las inteligencias creativas, tal cual han evolucionado, llegan necesariamente tarde al Universo, y por lo tanto, no pueden ser responsables de su diseño. Dios, en el sentido ya definido, es un espejismo»[5]. La devoción que Dawkins siente hacia el darwinismo, como motor de todo lo existente en el cosmos, le lleva a pensar que si existiera un Dios creador –posibilidad en la que él no cree– tendría que haber sido originado también por la inexorable evolución gradual.

¿Qué fallos presenta dicho argumento? En primer lugar, se da por hecho algo que habría que demostrar. Es decir, que la «explicación» reduccionista y atea de la evolución de la inteligencia humana es capaz de explicar también la hipotética evolución de la divinidad. Dawkins asume que su distinguida inteligencia humana –producto de una larga y lenta evolución al azar– es lo suficientemente competente como para

5. Dawkins, R., *El espejismo de Dios*, ePUB, 2011 (p. 30).

demostrar que Dios no existe. Pero, si resulta que esta asunción reduccionista y materialista, que él hace del origen evolutivo de la inteligencia del ser humano, ni siquiera es capaz de convencernos a todos, ¿cómo podrá demostrar algo en relación con el origen de la Inteligencia Divina? Si desconocemos cómo hemos alcanzado nosotros mismos el grado de inteligencia de que gozamos para hacer, entre otras cosas, demostraciones metafísicas acerca de si existe o no un Dios creador, entonces no nos sirve de nada decir que la divinidad también se ha originado por evolución como nosotros mismos. Si no sabemos cuál es el origen de nuestra propia inteligencia, ¿cómo vamos a conocer el de la divina? Y esto, suponiendo que dicha inteligencia tuviera un principio, suposición que resulta notablemente sospechosa.

Dawkins cree que la inteligencia del ser humano ha evolucionado gradualmente mediante mutaciones beneficiosas que nos han ido dotando de aptitudes para sobrevivir en la naturaleza. Caminar erguidos, saltar arroyos, tomar frutas de los árboles, cazar, encender fuego, hablar, escribir, etc., fueron adquisiciones paulatinas necesarias para llegar a donde estamos hoy. Dichas acciones habrían sido imprescindibles para prosperar en la vida y salir adelante. En el contexto de semejante explicación darwinista de la inteligencia, la selección natural habría favorecido aquellas mutaciones que posibilitaban determinadas utilidades concretas, con el fin de realizar tales funciones, pero no otras diferentes que no contribuyeran en nada a la causa adaptativa.

Y aquí es donde nos surge una duda. ¿Por qué tenemos la capacidad de elucubrar acerca de la existencia de Dios? ¿Cómo es que nos interesa conocer lo que hay en el interior de los átomos o de los agujeros negros del universo? Tales cuestiones están completamente fuera de nuestra experiencia cotidiana y son absolutamente innecesarias para una adecuada supervivencia evolutiva de la especie. Si la evolución concede sólo aptitudes y habilidades que poseen una utilidad concreta, ¿por qué nos habría dotado con semejantes cualidades que serían muchísimo más potentes de lo que necesitamos para sobrevivir en el medio? El cerebro humano es capaz de reconocer relaciones de causa y efecto. Puede recordar el pasado y prever el futuro. Suele preguntarse por las causas materiales de los fenómenos que ocurren a nuestro alrededor. Reflexionar sobre asuntos abstractos que no son observables, como los agujeros negros o las características de Dios, y que no tienen nada que ver con la experiencia diaria, ni tampoco suponen ninguna utilidad inmediata. Pienso que la explicación darwinista de la inteligencia humana es incapaz de solucionar dicha cuestión.

Dawkins no puede darnos gato por liebre. No se puede dar por hecho precisamente aquello que hay que demostrar. Él parte de la base de que la evolución explica el origen de todo lo que existe en el mundo real, incluso de la notable inteligencia humana. Inmediatamente, sobre este principio indemostrado, pasa a decir más o menos lo siguiente: «Acabo de demostrar que Dios no existe, puesto que el origen de su inteligencia debería ser el producto de la evolución y eso es algo indefendible. El hecho de que yo haya sido capaz de semejante demostración prueba que la evolución me ha dotado de un cerebro inteligente. Luego, la evolución que me ha hecho a mí no ha podido hacer a Dios. Él no existe». Obviamente se trata de una artimaña que no demuestra nada.

No estoy diciendo que la evolución, entendida desde la microevolución, no desempeñe un papel importante en la naturaleza o que la selección natural no cumpla también una misión relevante, sobre todo desde el punto de vista de la conservación. Lo que afirmo es que la visión puramente reduccionista y anti-teísta de Dawkins es incapaz de explicar el origen de la inteligencia humana. Y si esto resulta inexplicable, no puede usarse como principal argumento para demostrar la inexistencia del Creador. Poner ejemplos –como hace él– de otros animales inteligentes, sean chimpancés, delfines o cuervos, no hace más que agravar el problema del origen de su inteligencia. Aparte de la abismal distancia que hay entre un animal pinchando insectos con un palo y Mozart componiendo cualquiera de sus sinfonías, ya no se trata solamente de explicar el problema de la aparición de nuestra mente singular, sino también el de cómo pudieron tales animales conseguir la madurez cerebral necesaria, mediante mutaciones aleatorias, en supuestas ramas evolutivas que no tenían nada que ver entre sí.

Una vez más Dawkins manifiesta no comprender lo que significa ser Dios. Sin embargo, la teología ha reconocido desde siempre que entre los múltiples atributos divinos está el de su inmutabilidad. Ningún cambio es posible en el Ser Supremo, ya que cualquier variación conduciría a mejor o a peor. Pero, si Dios es la absoluta perfección –tal como entendemos– no puede experimentar mejoras o deterioraciones. La Biblia está repleta de citas que corroboran esta característica divina. Desde el salmista que ora: *Ellos perecerán, mas tú permanecerás; (…) Pero tú eres el mismo, y tus años no se acabarán* (Sal. 102:26-27), hasta la epístola de Santiago en la que se reconoce que: *Toda buena dádiva y todo don perfecto desciende de lo alto, del Padre de las luces, en el cual no hay mudanza, ni sombra de variación* (Sant. 1:17), siempre se manifiesta que Dios es eterno y no puede variar como si se tratase de un ser humano o de cualquier organismo terrestre. Por tanto, decir que Dios si existiera se habría originado por evolución es un reduccionismo falso y contradictorio porque Dios no evoluciona. ¡El argumento que Dawkins usa para negar a Dios es un espejismo!

El Dios malvado, según Dawkins

El segundo capítulo de *El espejismo de Dios*, se inicia con una crítica feroz del Dios del Antiguo Testamento, así como de la moralidad que se desprende del mismo. Richard Dawkins escribe las siguientes palabras: «El Dios del Antiguo Testamento es posiblemente el personaje más molesto de toda la ficción: celoso y orgulloso de serlo; un mezquino, injusto e implacable monstruo; un ser vengativo, sediento de sangre y limpiador étnico; un misógino, homófobo, racista, infanticida. Genocida, filicida, pestilente, megalómano, sadomasoquista; un matón caprichosamente malévolo»[6]. A lo largo de esta obra, Dawkins se refiere también a determinados acontecimientos de dudosa moralidad relatados en el Antiguo Testamento. Por ejemplo, el ofrecimiento que hace Lot de sus dos hijas a los hombres de Sodoma que pretendían violar a sus dos invitados (Gn. 19:4-11); las relaciones incestuosas de las hijas de Lot (Gn. 19:30-38); el sacrificio de Isaac a manos de su padre Abraham, que casi se llegó a consumar (Gn. 22:1-19); la matanza de tres mil israelitas llevada a cabo por Moisés cuando descubrió que habían hecho un becerro de oro con la intención de adorarle (Ex. 32:25-29); la orden divina de masacrar a los madianitas (Nm. 31:17-18) o el genocidio de Jericó a manos de Josué (Jos. 6:21). Dawkins concluye que la conquista de la tierra prometida se realizó exterminando a los hombres y raptando a las mujeres para procrear. ¿Qué clase de Dios permite tales cosas?

Aparte de ignorar por completo la máxima de los historiadores, de que jamás deben imponerse los valores y criterios morales de nuestra época a los propios del pasado histórico que se pretende investigar, ya que cada tiempo tuvo sus particulares códigos éticos, Dawkins tampoco tiene en cuenta las costumbres de los otros pueblos periféricos a Israel. Ni una sola palabra de cómo se percibía la violación como humillación, el incesto, el culto idolátrico a la fertilidad, la homosexualidad, la hospitalidad o la guerra en las distintas culturas de la antigüedad. No explica, por ejemplo, que el pecado de los habitantes de Sodoma y Gomorra fue un intento de violación colectiva por parte de varones, manifiestamente heterosexuales, que pretendían humillar a los extranjeros tratándolos como si fueran mujeres. Esta era una práctica habitual de la época contra los vencidos en la guerra, pero las leyes de Israel la condenaban severamente. Además, cuando Jesús se refiere al castigo de Sodoma (Lc. 10:5-12), no está hablando de la homosexualidad, sino del pecado de la falta de hospitalidad. Algo importante para los pueblos semíticos. Sin embargo, este detalle se le pasa por alto al famoso biólogo ateo en su intento de demostrar la maldad de Dios.

---

6. Dawkins, R., *El espejismo de Dios*, ePUB, 2011 (p. 30).

Dawkins no dice, en relación con el incesto, que en Egipto el matrimonio entre hermanos era práctica común. Y no sólo en la familia real, sino entre el ocho por ciento de la población. La propia Cleopatra se casó con dos de sus hermanos menores por razones religiosas, políticas y económicas[7]. En general se trataba del pecado más común de la antigüedad, sobre todo en un contexto de casas rurales aisladas y clanes patriarcales. Israel tolera al principio las relaciones incestuosas dentro de la misma generación pero legisla pronto contra el incesto intergeneracional al que considera tabú. Es evidente que Dios elige un pueblo no porque éste fuera moralmente irreprochable, sino en base a su misericordia y divina soberanía. Israel mantenía al principio algunas prácticas típicas de las culturas de le época. Sin embargo, a pesar de las imperfecciones y rebeldías del pueblo elegido, su fe monoteísta y sus valores éticos le distinguían de los demás pueblos que le rodeaban. Dios toma al ser humano allí donde está para perfeccionarlo hacia la santidad.

Otra cosa que Dawkins no explica, es que los sacrificios humanos suponían desgraciadamente una costumbre habitual en la antigüedad. En tiempos de hambrunas y calamidad, se recurría al sacrificio de personas, en muchas ocasiones de los hijos de los nobles, con el fin de apaciguar la ira de los dioses y obtener de ellos la fertilidad de cosechas y ganado. Los cananeos practicaban tales actos en el contexto de sus ritos de fertilidad (2 Sam. 21:1-14). La historia bíblica registra este comportamiento en su medio, sin embargo Israel abominó tales atrocidades (Dt. 12:31; 18:31; Lv. 18:21). Pero, al parecer, Dawkins no ha leído estos versículos y si lo ha hecho, los obvia por completo.

La guerra en el mundo bíblico es también un drama humano que puede expresar el combate espiritual entre Dios y las fuerzas del mal. Yahvé lucha contra el pecado y contra quienes lo propagan. Por eso, cuando el pueblo elegido le da la espalda a su Dios y empieza a adorar a dioses ajenos, Yahvé no duda ni un instante y lo combate igual que a los enemigos de Israel. Los dioses paganos de los pueblos que rodeaban al pueblo elegido eran fundamentalmente guerreros. Sus luchas divinas se concebían como el origen de las guerras humanas. Cada país o ciudad tenía su propia divinidad que les protegía aparentemente de los demás dioses de sus enemigos. Es en este contexto donde hay que entender las guerras antiguas de Israel.

No obstante, lo que no aparece jamás en la Biblia es el concepto de «guerra santa» o guerra de religión, el deber de propagar la fe por medio de las armas. El pueblo hebreo, a diferencia de otras culturas de la antigüedad, combate por su existencia, no por su fe o su religión. Según tal concepción,

---

7. Ropero, A., *Gran Diccionario Enciclopédico de la Biblia*, CLIE, Terrasa 2013, p. 1234.

era Yahvé quien peleaba por su pueblo y no al revés. Dios no tiene más remedio que presentarse ante el ser humano a través de lo que éste es realmente. Se muestra así porque el hombre era así. Tal es el precio que hubo que pagar para que la humanidad empezara a ser transformada. Dios tiene que rebajarse hasta la estatura mental del ser humano de aquella época para poder manifestarle su plan de la salvación. A los ojos del hombre del Antiguo Testamento, Dios no es violento a pesar de actuar así, porque no quebranta su alianza. Pero aquel tiempo ya pasó junto con la ley del talión, y el Nuevo Testamento nos muestra que la verdadera naturaleza del Padre no es, ni mucho menos, la del Jehová de los ejércitos, sino la que nos ofrece Jesucristo.

Pero, supongamos que todo esto no nos convenciera. Imaginemos que después de leer a Dawkins abrazamos su ateísmo y rechazamos la Biblia. De hecho, esto es lo que él pretende y por desgracia en muchos casos consigue. ¿En base a qué criterios morales podemos condenar al Dios del Antiguo Testamento? Si Dios no existe ni el bien o el mal tampoco, ¿por qué tanta indignación contra la moralidad del Dios malévolo? Su furor va dirigido, qué duda cabe, contra los creyentes, pues el universo que predica Dawkins es completamente indiferente al mal o al bien. Y aquí surge una curiosa contradicción en su pensamiento.

La mayoría de las objeciones que Dawkins dirige contra Dios y contra los personajes históricos de la Biblia, se le pueden hacer también al darwinismo ateo, que él profesa. En efecto, ¿qué clase de dios sería la evolución ciega que se nos propone como alternativa al Dios del Antiguo Testamento? ¿Sería también una divinidad injusta e insensible al sufrimiento de sus criaturas? ¿Masacraría sobre todo a los débiles y enfermos? ¿Se comportaría como un sadomasoquista que usara el dolor, la destrucción y la muerte para formar nuevas especies? ¿Podría tachársele de matón malévolo por carecer de propósito para el futuro de sus seres creados? ¿Acaso no se le debería acusar de limpiador étnico, genocida y racista por enfrentar entre sí poblaciones, tribus, razas y especies en su lucha por la existencia? Resulta que al sustituir el Dios bíblico por la selección natural, muchos de los rasgos morales que Dawkins encontraba malvados y repugnantes se encuentran también en su dios darwinista.

Además, si nos fijamos en las estrategias genéticas seguidas por la selección natural difícilmente encontraremos mejores ejemplos que los llevados a cabo por los hebreos en el Antiguo Testamento y que tanto enfurecen a nuestro autor darwinista. En su libro *El gen egoísta* Dawkins afirma: «A nivel de gen, el altruismo tiene que ser malo, y el egoísmo, bueno. (...) El gen es la unidad básica del egoísmo. (...) En lo que concierne a un gen, sus alelos son sus rivales mortales, pero otros genes son sólo una parte del medio ambiente, comparables a la temperatura, alimentos, predadores o compañeros»[8]. Si esto es realmente así, ¿qué hicieron mal los antiguos israelitas, desde el punto de vista evolutivo, al eliminar las otras tribus de la tierra prometida? ¿No dijo Darwin que la competencia se vuelve más intensa cuando dos razas o especies próximas luchan por el mismo espacio? Si los genes humanos sólo son máquinas de supervivencia, ¿qué hay de malo en robar hembras con fines reproductivos? Desde el punto de vista darwinista y materialista, es difícil acusar a los hebreos primitivos de dudosa moralidad por comportarse como máquinas de supervivencia ya que, al fin y al cabo, sólo seríamos animales evolucionados.

A pesar de todo, Dawkins reconoce que no se deberían usar *El origen del hombre* de Darwin, ni tampoco su propio libro *El gen egoísta*, como guías de moralidad. Pues bien, por las mismas razones, lo mismo se puede decir de ciertos pasajes del Antiguo Testamento. No deberían utilizarse como guías morales para el hombre de hoy. Sería ilegítimo aplicar actualmente aquellos mandamientos que se dieron en un momento concreto de la historia de Israel. Desde luego, esto no explica la cuestión teológica de cómo aquel Dios, revelado después en Cristo, pudo dar semejantes instrucciones, pero las encuadra dentro del contexto de la historia bíblica global. Lo cierto es que, mientras en el Antiguo Testamento se muestra a Dios luchando por Israel, y ordenándole combatir, el Nuevo Testamento presenta a Jesús como el portador de la paz definitiva. El misterio envolverá siempre, como una espesa niebla, el rostro enigmático de Dios. Sin embargo, aquello que su revelación nos permite entrever tiene que ser suficiente.

El Jesús de los ateos

En la polémica obra *El espejismo de Dios*, su autor, Richard Dawkins, manifiesta lo siguiente: «No puede negarse que, desde un punto de vista moral, Jesús es una gran mejora con respecto al ogro cruel del Antiguo Testamento. (…) Su 'poner la otra mejilla' se anticipó a Gandhi y a Martin Luther King en dos mil años. No en balde escribí un artículo llamado 'Ateos por Jesús' (y más tarde me obsequiaron con una camiseta con este lema estampado)»[9]. Hay que reconocer que el análisis que hace Dawkins sobre Jesús y el Nuevo Testamento resulta más benevolente que el dedicado al Dios y la moralidad del Antiguo Testamento. Sin embargo, deforma por completo su mensaje y especula acerca de cómo pensaría hoy el gran maestro de Galilea. Jesús habría sido, en su opinión, uno de los mayores innovadores éticos de la historia, pero nada más. Al fin y al cabo, creía en Dios, sencillamente, porque no tenía otra opción ya que en su tiempo

---

8. Dawkins, R., *El gen egoísta*, Labor, Barcelona 1979, p. 64.
9. Dawkins, R., *El espejismo de Dios*, ePUB, 2011 (p. 223).

no había ateos. Todo el mundo aceptaba como algo obvio la existencia de las divinidades, tanto en el politeísmo como en el monoteísmo. Por tanto, Jesús no tenía más alternativa que ser teísta. Pero si hubiera vivido hoy probablemente no lo sería y militaría entre los «Ateos por Jesús»[10].

Dawkins cree que lo más significativo del rabino galileo no es que creyera en el Dios de sus compatriotas judíos sino, más bien todo lo contrario, que supo oponerse con firmeza a él. Jesús se convirtió así en un radical subversivo, no por amotinarse contra el legalismo y la hipocresía de los religiosos hebreos sino, sobre todo, por rebelarse contra el Dios cruel del Antiguo Testamento. Por eso lo clavaron en una cruz. Si viviera hoy y comprobara lo que hacen los cristianos en su nombre, desde la Iglesia Católica hasta las diferentes denominaciones protestantes, pasando por la Derecha Religiosa Fundamentalista, con toda seguridad se colocaría la camiseta del ateísmo. Aunque es probable que su humildad le condujera a darle la vuelta al eslogan y escribir: «Jesús por los ateos». De manera que, el Jesús contemporáneo superaría el obscurantismo religioso y sobrenaturalista, abrazando la ciencia y la realidad de la selección natural ciega como creadora de todo lo que existe. En pocas palabras, ¡el Jesús de hoy sería alguien muy, pero que muy parecido, al propio Richard Dawkins!

Dejando aparte las personas y criticando sólo las ideas, me viene a la mente una cuestión curiosa. ¿De dónde sacó Jesús su elevada ética? Para Dawkins está claro que no pudo ser del Antiguo Testamento ni del Dios que allí se manifiesta. ¿Fue quizá de la selección natural? Dawkins reconoce que tampoco, pues la evolución de las especies es un proceso profundamente malvado que fomenta el egoísmo, la violencia, la indiferencia al sufrimiento y la avaricia. Esta selección natural jamás podría generar la sublime ética que se desprende de las palabras y el comportamiento de Jesús. Desde el punto de vista del darwinismo radical, la insuperable bondad del Maestro, así como la de sus fieles seguidores, sería algo estúpido y carente de sentido. ¿Cómo es entonces que Dawkins abriga la esperanza de que dicha ética se difunda en la sociedad?

El popular biólogo ateo ha arremetido durante toda su vida contra judíos y cristianos acusándoles de tomar del Antiguo Testamento sólo aquello que les parece bueno y rechazar lo negativo o inmoral. Sin embargo, resulta que él hace lo mismo. Se dedica a escoger de la evolución –que en su caso equivaldría al Antiguo Testamento– aquellos pasajes que considera moralmente recomendables y a desechar los que resultan molestos. Elige el altruismo, la generosidad y la compasión pero descarta el egoísmo, la violencia o la ley del más fuerte. Se le puede acusar, por tanto, de hacer exactamente lo mismo que él critica en los creyentes. Hay, además, otro problema

---

10. http://www.rationalresponders.com/atheists_for_jesus_a_richard_dawkins_essay

más serio. Los rasgos bondadosos que él deriva del darwinismo no tienen por qué ser más «morales» que aquellos otros rasgos negativos que, a pesar de todo, contribuyen a la supervivencia de las especies. ¿Por qué escoger unos y no otros? ¿Cómo es posible alcanzar una ética elevada a partir de tal mezcolanza evolutiva de rasgos?

El problema de las explicaciones darwinistas del origen del altruismo es siempre el mismo. Se concentran en el grupo, la tribu, la etnia o la especie. Si la generosidad de los individuos aumenta la supervivencia del grupo, entonces se considera positiva para la especie. Pero, ¿qué pasa con los otros grupos?, porque con frecuencia lo que resulta bueno para una especie es malo para las demás. Se llega así de nuevo a las críticas de Dawkins contra el comportamiento de los hebreos en el Antiguo Testamento. Las guerras de Israel, las limpiezas étnicas y la xenofobia, que él señala, ¿no podrían interpretarse también como el comportamiento natural de la evolución? Desde tal perspectiva, el pueblo elegido habría actuado como cabría esperar: altruismo dentro del grupo y egoísmo hacia los extranjeros. Luego, las quejas de Dawkins contra la moralidad de los judíos serían infundadas. Si él está en lo cierto, no es la religión quien tiene la culpa, sino la evolución. Pero esto cuestiona y pone en entredicho sus ataques contra la religión. Quejarse de que las religiones son la principal causa de los conflictos entre los grupos humanos no es más que lamentarse de que, en realidad, son darwinianas. Es posible que las distintas religiosidades sean causa de enfrentamientos pero, desde luego, la razón principal de los mismos serían los mecanismos normales de la evolución. Y, de ser así, no se pueden considerar ni mejores ni peores que las luchas que ocurren en todas las demás especies de la naturaleza.

Si concebimos el mundo desde la perspectiva evolucionista y atea, como hace Dawkins, surge otro problema. Según el darwinismo, el comportamiento altruista del ser humano va dirigido sólo al propio grupo genético o racial. ¿Por qué, pues, hay personas que se comportan de forma altruista no sólo con su familia o su etnia, sino con todo el mundo? ¿Es que se han vuelto locos? ¡Es como si un ruiseñor se pusiera a alimentar a los polluelos de todas las especies de pájaros del bosque, en vez de criar sólo a los suyos propios! ¿Qué sentido tiene el altruismo dirigido a todo el género humano? ¿Cómo puede la evolución del gen egoísta y amoral favorecer un comportamiento así? Desde los mecanismos evolutivos, sería normal aquello que por desgracia hemos podido ver durante toda la historia humana, y con mayor intensidad en los siglos XX y XXI, es decir, la guerra entre clanes enfrentados, el derramamiento de sangre de los rivales, las luchas de pueblos vecinos que se odian, etc. Pero, que una persona o una familia abandone su tierra para dedicar su existencia a ayudar a otros con los que no tienen casi nada en común, a presentarles el Evangelio, a curarles las enfermedades arriesgando la propia vida, construirles viviendas, potabilizar el agua que beben sin esperar nada a cambio, etc., es algo que no puede explicarse desde los «científicos» principios del darwinismo materialista.

Los paralelismos entre los razonamientos de Dawkins y los de muchos creyentes bíblicos, a quienes tanto critica él, son evidentes y contribuyen a descalificar los argumentos del biólogo ateo. En las dos visiones de la realidad, se asume que la naturaleza no es lo que debería ser y que de alguna manera está «caída». El «gen egoísta» que se transmite de generación en generación equivaldría al pecado original en el que creen tantos cristianos. El Antiguo Testamento, como primera parte de la revelación de la Biblia, tendría su contrapartida evolucionista en *El origen de las especies* y *El origen del hombre* de Darwin. Ambas creencias anhelarían una purificación sobrenatural de sus contenidos: la transformación del Viejo Pacto de la Ley en el Nuevo Pacto de la gracia, en el caso bíblico; y el logro de una elevada ética universal por encima de la selección natural darwiniana, en la visión materialista. ¡Incluso el propio Jesús sería reivindicado, tanto por el cristianismo como por el movimiento de los ateos que le imprimieron la camiseta a Dawkins!

No obstante, si dejamos de lado estos curiosos parecidos, que bien pudieran ser anecdóticos, ¿hay realmente algo más sólido entre la moralidad laica a la que aspira Dawkins y aquella que se desprende del Evangelio de Cristo? ¿Es el espíritu moral de los tiempos, que pregonan los «Ateos por Jesús» para el futuro de la humanidad, igual que la ética del Nuevo Testamento? ¿Existe un lugar moral común entre Dawkins y el cristianismo? Yo creo que no.

Si Dios no existiera

Si se consideraran seriamente las propuestas del Nuevo ateísmo, es de suponer que éstas tendrían una gran influencia en la vida de las personas así como en el concepto que cada cual sostendría de sí mismo. Si Dios no existiera –dicen los nuevos ateos– todos seríamos más felices porque no habría ningún tipo de violencia religiosa. La humanidad gozaría de más paz y tranquilidad. A lo largo de la historia no se habrían producido herejías, fanatismos, inquisiciones, guerras de religión, ni hogueras justicieras o purificadoras de la ortodoxia. Si el ateísmo fuese cierto y se aplicara al estilo de vida cotidiano, los seres humanos serían más maduros porque habrían aprendido a vivir por sí mismos sin el apoyo de las muletas de la fe. Nos las apañaríamos sin Biblias, ni libros inspirados, ni mandamientos divinos. Seguiríamos la moral y los valores que se desprenden de la sola razón. Los instintos éticos que la selección natural habría ido grabando en nuestra conciencia durante millones de años serían los únicos a seguir. Y, en fin, la sociedad liberada de todas estas aflicciones sería una auténtica sociedad del bienestar. ¿Están bien fundamentadas tales esperanzas?

Hay una gran diferencia entre lo que desean los nuevos ateos de hoy y aquello que consideraban sus predecesores, los ateos clásicos. Los libros de Friedrich Nietzsche, Albert Camus y Jean-Paul Sartre, por ejemplo, rezuman un ateísmo duro que reclama un cambio radical en la conciencia humana y en la cultura. Según tales autores, la persona que se define como atea debe estar dispuesta a afrontar con valentía los retos de su increencia. Tiene que resignarse a vivir en un continuo esfuerzo para superar las terribles consecuencias de la muerte de Dios. Asumir que hay que vivir honestamente y practicar la justicia a pesar de no creer en la trascendencia, estar seguros de que la vida carece de sentido y sentirse destinados a la nada más absoluta, no es una empresa fácil ni deseable para nadie. El verdadero ateísmo requiere el coraje suficiente para reconocer que, si no hay Dios, es el individuo el único que debe crear los valores que guiarán su vida y seguirlos fielmente contra viento y marea. Si no se hace así, no hay genuino ateísmo. Esto es lo que pensaban tales filósofos, así como también, Freud, Feuerbach, Marx y otros. Sin embargo, ¿cuántas personas son capaces de soportar dicha carga? Los padres del ateísmo estaban convencidos de que la mayoría de los hombres no dispone de la entereza moral necesaria para ser coherentes con la ideología atea. ¿Cómo es el ateísmo que nos proponen los nuevos ateos actuales?

El estilo de vida al que se aspira en sus obras es muy parecido al que ya existe hoy en el mundo occidental. Quizá la única diferencia es que no habría terroristas ni fanáticos religiosos pero, por lo demás, todo quedaría casi igual. El hombre se vería a sí mismo como el producto azaroso de la evolución darwinista, no de la bondad de un Creador sabio que lo hizo con un determinado propósito. Su instinto moral y social sería el producto de una accidentada trayectoria biológica y sólo habría que hacerle pequeños retoques culturales para sustituir convenientemente la huella dejada por los antiguos valores religiosos. Desde luego, convendría mantener las confortables y conservadoras circunstancias socioeconómicas de que disfruta el primer mundo, ¿cómo si no se podría filosofar e imponer el ateísmo al menor coste posible? Aunque la ciencia sustituiría a la fe y la moral se fundamentaría en la razón, en el fondo habría pocas reformas sociales y la sociedad continuaría con los mismos valores de siempre. Como es fácil comprobar, se trata de un ateísmo acomodado, blando, descafeinado y light. Nada que ver con las convicciones de los verdaderos ateos duros, a quienes tanto repugnaba esta actitud poco coherente.

Los nuevos predicadores de semejante ateísmo blando están convencidos de que el darwinismo puro y duro de sus sermones resulta suficiente para eliminar a Dios del alma humana. Creen que al hacerlo, ni la cultura occidental ni la racionalidad y la moral del ser humano, resultarán dañadas. Piensan que sin la fe en la divinidad y la idea de trascendencia del hombre todo seguiría igual. Pero se equivocan por completo. Esto es precisamente lo que supieron reconocer ya en su tiempo los ateos clásicos. Ellos creyeron que el verdadero ateísmo suponía, de hecho, el colapso de todo el universo de valores, símbolos y significados humanos, generado en Occidente en torno a la idea de la existencia de Dios. ¿Qué ocurriría si las personas se dieran cuenta que, desde el ateísmo radical, no hay base alguna capaz de sustentar sus valoraciones morales? ¿Acaso puede el naturalismo darwinista fundamentar los juicios de valor o la pretensión de poseer la verdad que nos caracteriza? ¿Sería capaz la razón y la educación científica de convencer al ser humano para que fuera bondadoso e íntegro sabiendo que el mundo carece de significado y propósito? Sin embargo, si Dios no existiera, se debería estar preparado para vivir en un universo así. Un cosmos sin sentido. No obstante, si los ateos duros fueron incapaces de poner en práctica un ateísmo genuino, como el que concibieron con su idea de la muerte de Dios, no creo que los nuevos ateos blandos de hoy vayan a lograrlo.

Por último, resulta sorprendente que ninguno de los que proponen este Nuevo ateísmo haya reparado en cuál es la base de sus particulares valoraciones éticas. ¿Dónde nace su fervor antirreligioso? Para estar convencidos de que la religión es mala, deben poder abrazar sin reservas aquello que consideran indiscutiblemente bueno. Pero, ¿dónde radican los cimientos de dicha rectitud moral? Si no existe un fundamento moral eterno, ¿cómo saber que sus criterios son correctos y no ciegas artimañas de la selección natural? Si la base de sus apreciaciones morales radica en ellos mismos, ¿por qué ha de darse crédito a su conciencia cuando ésta condena las conciencias de todos los creyentes del mundo? Si Dios no existiera, no se podrían formular juicios morales como los que hacen los nuevos ateos porque no existirían tampoco valores absolutos. Pero, si el ser humano es capaz de realizar dicho juicios, si existen los valores absolutos, entonces Dios tiene que existir también.

Miedo a la fe

Algunos de los teóricos del llamado Nuevo ateísmo, sobre todo Richard Dawkins, Sam Harris y Christopher Hitchens, consideran la fe en Dios como algo esencialmente peligroso y moralmente malo. Da igual qué forma adopte en la imaginación de cada ser humano, la idea de un Dios creador resulta perniciosa porque sencillamente no existen pruebas que la respalden y, desde luego, tampoco es posible concebir demostración alguna en su favor. Lo malo de la religión es que se basa en la «fe», no en las «pruebas». El hecho de que a cada generación, en casi todas las culturas, le sea impuesta le fe nos incapacita para darnos cuenta de que una buena parte del mundo arrastra fatalmente las consecuencias de una tradición religiosa oscura y bárbara. Además, la fe produce sufrimiento, nos incapacita para la felicidad y hace del mundo un lugar mucho más desagradable de lo que podría ser. Creer en Dios y en una vida después de la muerte habría desquiciado tanto a la gente que algunos estarían dispuestos a inmolarse haciendo volar por los aires a otras personas inocentes, creyendo que así ellos se convertirán en mártires y alcanzarán el paraíso. La fe conduce a los peores crímenes contra la humanidad que pueda cometer el propio hombre. ¿Qué más necesitamos para convencernos de que la fe, aparte de ser un fraude, es también un serio peligro para el mundo?

Los nuevos ateos entienden la fe como cualquier tipo de creencias para las que no se dispone de pruebas que las confirmen. Sin embargo, no es esto lo que entiende la teología. Según se desprende de la Escritura, la fe es más bien el compromiso de la totalidad del ser humano con Dios. La sede íntima de la fe no es sólo el intelecto de la persona, sino sobre todo su corazón arrepentido. El estilo de vida queda así conformado por la fe sincera. Tal como indica el apóstol Pablo: «Mas el justo por la fe vivirá» (Rom. 1:17). No obstante, esto no parecen comprenderlo nuestros autores, probablemente porque no lo han experimentado jamás. Ellos se parapetan detrás de la idea de que «creer cualquier cosa sin pruebas suficientes es inmoral». Y no hay forma de sacarlos de ahí. Pero, si hacemos caso a su propia idea, ¿acaso pueden ellos demostrar que sea verdadera? ¿Cómo se comprueba que la afirmación: «creer cualquier cosa sin pruebas suficientes es inmoral», sea cierta? ¿Existe alguna prueba científica que la corrobore? ¿No se requiere también de la «fe» para aceptar como válido dicho principio? Esta ética del conocimiento, a la que tanto apelan, posee asimismo ciertos aspectos de arbitrariedad, ya que no puede ser contrastada mediante el método de la ciencia. Después de todo, parece que la fe no es exclusiva de los creyentes, sino que se introduce también en el terreno de los incrédulos.

Cualquier conocimiento debe empezar necesariamente por algún lugar y, con frecuencia, dicho lugar es la «fe». Aunque esta palabra parezca producirles miedo a algunos, lo cierto es que toda verdad se basa en última instancia en una declaración de confianza. Para adquirir conocimiento verdadero hay que tener una cierta voluntad de creer. Por ejemplo, ¿por qué pueden los astrónomos y astrofísicos estudiar el universo? Pues, porque tienen «fe» en que éste tiene sentido y permite ser estudiado. Sin tal creencia sería imposible la ciencia. Pues bien, la mayoría de las afirmaciones realizadas por los nuevos ateos se basan en otras tantas declaraciones de fe, que quizá ellos no deseen reconocer pero que subyacen en sus propios argumentos, incluso aunque éstos pretendan rechazar la misma fe. Por tanto, insistimos en esta idea. Aquello que el ateísmo de nuevo cuño entiende por fe, no es la auténtica fe del cristianismo. Ésta no es un intento intelectual equivocado por acceder a Dios mediante el conocimiento científico, sino un estado de entrega total del ser humano que le permite acceder a una dimensión más profunda y más real que todo lo que la ciencia y la razón puedan ofrecer. Es en este sentido en el que hay que entender las palabras de Proverbios 9:10: «El temor de Jehová es el principio de la sabiduría, y el conocimiento del Santísimo es la inteligencia».

El Nuevo ateísmo tiene razón cuando se refiere a los numerosos males históricos generados en nombre de las diversas religiones. Con demasiada frecuencia la fe en Dios se envilece. Tanto la teología como la religión, así como otras empresas del hombre, tienden a absolutizarse a sí mismas y a caer en la más pura idolatría. ¿Quién tiene la culpa de semejante perversión? ¿Dios o el ser humano? Hay que reconocer que nuestra mente es como una fábrica de ídolos que no cesa nunca de trabajar. Y aquello que corrompe la fe religiosa son precisamente estos ídolos que fabricamos los propios creyentes. Diosecillos con pies de barro que nos inducen a la rivalidad y la violencia. Diablillos que nos prometen falsos paraísos si acertamos a defender celosamente determinadas doctrinas o creencias. Caín golpeando una y mil veces a su inocente hermano, con lo primero que le venga a la mano, porque no es como él, no piensa como él, ni actúa, ni cree, ni alaba como él.

A pasar de todo, el antídoto más eficaz contra la idolatría no es el ateísmo que se nos propone, sino la verdadera fe. Si nos desprendemos de Dios, como se hizo oficialmente en algún lugar y momento histórico, nada nos garantiza que se vaya a cerrar también la fábrica de los ídolos. El edificio de la idolatría puede realizarse asimismo mediante la divinización de la ciencia o de la razón humana. No estamos insinuando que éstas no sean empresas loables y necesarias, sólo que si se idolatran pueden cegarnos e impedirnos ver otros espacios de la realidad que también proporcionan conocimiento verdadero y dan sentido a la vida humana.

Desde la perspectiva de la fe cristiana que rehúye toda idolatría, puede entenderse por qué la pretensión del nuevo ateísmo, de terminar con las creencias religiosas para mejorar la sociedad, es una empresa abocada al fracaso. El ser humano está hecho para tener fe y necesita creer para vivir. Pretender erradicar la fe es robarle dimensiones a la humanidad. Mutilar la espiritualidad que caracteriza el alma humana. Por muchos millones de galaxias que contenga el universo, todo el mundo reconoce que esa realidad material es finita y perecedera. Un único misterio divino, capaz de hacernos pensar en lo infinito y eterno, continúa haciendo vibrar mejor las fibras de nuestro ser, que cualquier medida concreta del espacio o el tiempo susceptible de verificación científica. ¿Cómo se nos puede pedir que renunciemos a la fe? Cortar ese cordón umbilical que nos une a la infinita grandeza de Dios es como pedirnos que encarcelemos para siempre nuestra mente, nuestro cuerpo y nuestra alma en el reducido habitáculo de lo verificable. No creo que el consejo de los nuevos ateos logre entusiasmar a las masas porque lo que proponen, en su intento de acabar con la fe, es reducir la libertad del espíritu humano. No existen verdaderos motivos para tenerle miedo a la fe.

Una apologética hecha con sabiduría

Los cristianos creemos que la Biblia es un libro revelado. Por supuesto, hay que tener fe para creer que lo es. Aceptar que toda la Escritura es inspirada por Dios, «y **útil** para enseñar, para redargüir, para corregir, para instruir en justicia» (2 Tim. 3:16), implica una importante dosis de fe personal. Un convencimiento que no se consigue mediante ninguna demostración empírica o científica. Es evidente que no hay que desterrar la razón de nuestras mentes para hacer teología o para profundizar en los misterios del texto revelado, pero aceptar la Palabra como palabra de Dios con autoridad para nuestra vida requiere esa «certeza de lo que se espera», esa «convicción de lo que no se ve», a la que se refiere el libro de Hebreos (11:1). Y semejante convicción será siempre individual, experiencial e intransferible.

Debe tenerse mucho cuidado al emplear la Biblia para discutir con los no creyentes puesto que éstos, al no aceptar su inspiración divina, no consideran que tenga ninguna autoridad. Decir, por ejemplo, que el Antiguo Testamento profetiza correctamente sobre la vida de Jesucristo, no le sirve de mucho a una persona que considera los libros veterotestamentarios como una colección de leyendas pseudohistóricas inventadas por los judíos. Menos sentido tiene aún discutir con no creyentes sobre cuestiones más técnicas, como pueden ser las supuestas contradicciones de la Biblia, o los pretendidos hallazgos de la crítica moderna que pudieran quitarle credibilidad al texto bíblico. Quien no quiere creer, no creería aunque el texto revelado careciera de la más mínima contradicción aparente, o aunque la crítica escritural se pusiera de acuerdo sobre la veracidad de todos los versículos. No quiero decir que las ciencias bíblicas, como la crítica literaria, filología, arqueología, historia, sociología, etc., no aporten un conocimiento valioso al debate, sino que todos estos datos, generalmente, no consiguen convencer a quien no desea ser persuadido.

Otra precaución que debiéramos tener los creyentes que intentamos hacer apologética, o defender la fe frente a los argumentos de los incrédulos, al emplear la tesis de la experiencia personal sería hacerlo con delicadeza y sabiduría. El biólogo, Richard Dawkins, escribe al respecto: «Muchas personas creen en Dios porque creen haberlo visto –o un ángel o una virgen vestida de azul– con sus propios ojos. O les habla dentro de sus cabezas. Este argumento de la experiencia personal es el más convincente para aquellos que afirman haber tenido una visión. Pero es el menos fiable para cualquier otra persona, para cualquiera que tenga conocimientos de psicología. ¿Dices que has experimentado a Dios directamente? Bien; algunas personas han visto un elefante rosa, pero probablemente eso no nos impresiona»[11]. Aunque suelo estar en desacuerdo con Dawkins en muchos de sus argumentos, en este de la experiencia personal le doy la razón. Ninguna experiencia mística que pueda tener un creyente constituirá jamás un argumento decisivo a favor de la existencia de Dios. ¿Por qué? Pues, por la misma razón que el «asombro trascendente» y la «respuesta cuasi-mística ante la Naturaleza y el Universo», que Dawkins dice experimentar, no sirve tampoco como argumento de la inexistencia de Dios. Una experiencia personal me puede valer a mí, que la he podido vivir, o a mis amigos que me conocen y confían en la veracidad de mi testimonio, pero no puede ser un argumento definitivo para convencer a todos, precisamente porque es personal.

Asimismo, la tendencia a presentar a ciertos personajes famosos de la historia, que han creído en la existencia de Dios o por el contrario la han rechazado, para fundamentar sobre su prestigio personal o profesional un argumento a favor o en contra de la divinidad, no constituye tampoco una prueba. Puede ser un dato sugerente pero nada más. Pensar que porque Newton o Einstein creían a su manera en Dios, la existencia del Creador queda automáticamente corroborada, es tan equivocado como afirmar lo contrario: que Nietzsche, Freud o Marlon Brando fuesen ateos no demuestra en absoluto la inexistencia de Dios.

De manera similar habría que tratar la consideración que hace Dawkins, al decir que la mayoría de los científicos suelen ser ateos[12]. Independientemente de que este dato fuera o no cierto, el hecho de que un biólogo, por ejemplo, sea muy bueno en su campo y sepa mucho sobre el funcionamiento de los seres vivos, no implica necesariamente que sus convicciones religiosas o espirituales estén acertadas; que tenga que ser un experto en teología y filosofía; que conozca bien la Biblia o cualquier otro campo que requiera un mínimo de comprensión, antes de poder opinar de él. Ser científico no basta para convertirse en una autoridad de los argumentos teológicos. Este es precisamente el error que cometen algunos hombres de ciencia famosos, cuando pontifican sobre asuntos

---

11. Dawkins, R., *El espejismo de Dios*, ePUB, 2011 (p. 80).
12. *Ibid.*, p. 92.

ideológicos alejados de su especialidad. Sus opiniones al respecto pueden ser tan válidas como las de cualquier otra persona.

Tampoco es un buen argumento apologético decir que, aunque no estemos seguros de la existencia de Dios es mejor decantarse por el sí, que por el no. Si existe, habremos acertado e iremos al cielo; mientras que si no, por lo menos llevaremos vidas buenas, plenas y piadosas. De cualquier manera, el éxito está asegurado y no tendríamos nada que perder. El primero en perfilar este razonamiento fue el matemático y filósofo creyente, Blaise Pascal, en sus *Pensées*, obra escrita en el siglo XVII. Por supuesto, él desarrolla mejor y más ampliamente su idea pero, en síntesis, viene a decir lo que acabamos de transcribir. ¿Por qué no es éste un buen argumento?

No podemos creer en algo, tan trascendental para nuestra vida como la realidad Dios, simplemente porque parece una buena filosofía de vida. Creer no es como votar a un partido de izquierdas o a otro de derechas. Apostar por la existencia divina simplemente para cubrirnos las espaldas, «por si acaso», no parece una clase de fe demasiado valiente y sincera. Además, desde otro punto de vista, también podría decirse que quien se decanta por la no existencia de Dios podría tener una vida mejor y más plena ya que no sufrirá sacrificios por su fe, no dedicará tanto tiempo a su creencia, no tendrá que evangelizar, ni luchar, ni morir si fuera menester por la causa del evangelio, etc. El que asume el estilo de vida y la clase de fe dubitativa que propone Pascal en su argumento, más que creer de verdad en Dios da la impresión de estar jugando a que cree.

La doctrina cristiana enseña claramente que la fe, esa capacidad para creer aquello que está más allá de la razón humana, es un don de la gracia divina. «Porque por gracia sois salvos por medio de la fe; y esto no de vosotros, pues es don de Dios» (Ef. 2:8). La fe es, por tanto, el don de Dios que viene a justificar al ser humano. El mero asentimiento intelectual de las verdades reveladas no es fe. Ésta debe llegar aún más lejos y reflejarse en el compromiso personal y la entrega incondicional. Por eso, simular que se cree porque es una buena apuesta vital no es lo mismo que tener fe de verdad. Si queremos presentar una buena defensa de nuestra fe, debemos huir de los argumentos falaces de la mala apologética.

Supuestas contradicciones bíblicas

Los autores pertenecientes al movimiento del Nuevo ateísmo se refieren a menudo a la Biblia para señalar errores o contradicciones de la misma que, en su opinión, socavarían la credibilidad del texto que tantos creyentes consideran revelado por Dios. Al interpretar las Escrituras tropiezan con detalles que no son capaces de entender teológicamente. Señalan, por ejemplo, que unos evangelistas se contradicen con otros en cuanto a fechas, orden de los acontecimientos, detalles del nacimiento, la infancia de Jesús, su crucifixión, etc. Siendo esto así, –arguyen– no puede ser que los cuatro evangelios sean inspirados por Dios. En este sentido, Christopher Hitchens escribe: «Según todas las evidencias de que disponemos, todo es de manera bastante ostensible una reconstrucción tergiversada y basada en testimonios orales, acometida considerable tiempo después del 'hecho'. Los escribas ni siquiera se ponen de acuerdo en los elementos mitológicos: discrepan abiertamente sobre el sermón de la montaña, la unción de Jesús, la traición de Judas y la memorable negación de Pedro. Lo más asombroso de todo es que sean incapaces de converger en una descripción compartida de la crucifixión o la resurrección. Por consiguiente, la única interpretación que sencillamente tenemos que desechar es la que afirma garantía divina para los cuatro»[13].

¿No se le ha ocurrido pensar a Hitchens que tales diferencias son conocidas por los teólogos desde la más remota antigüedad? ¿Por qué será que los exegetas no ven en ellas una amenaza para la doctrina de la inspiración bíblica? La mayor parte de los estudiosos creyentes disfrutan hoy los distintos matices evangélicos que les permiten entender las diversas intenciones teológicas de sus autores. Los cuatro evangelistas no compilaron la tradición a la que tuvieron acceso de forma mecánica, como si fueran copistas impersonales, sino que transmitieron un mensaje según su propia comprensión de Jesús y de la situación de las distintas comunidades cristianas a las que se dirigían los evangelios. Marcos, Mateo, Lucas y Juan constituyen cuatro narraciones canónicas de la vida de Jesús, no una sola.

Aquello que los nuevos ateos interpretan como discrepancias son, en realidad, testimonios complementarios de la verdad sobre el Maestro. A Mateo le preocupa sobre todo el cumplimiento de las profecías dadas en el Antiguo Testamento ya que escribe pensando en los judíos y desea demostrarles que Jesús es realmente el Mesías prometido. Marcos, por el contrario, se dirige a un público griego o gentil que no sabía casi nada del Antiguo Testamento. Por eso se centra en los numerosos sucesos extraordinarios de la vida de Cristo y en su señorío sobre la creación que indicarían que es el Hijo de Dios. Al evangelista Lucas, médico de profesión, le interesan especialmente los aspectos históricos precisos de la vida de Jesucristo, aunque se fija también en la presencia del Espíritu Santo y el poder de la oración. Mientras que Juan escribe después de reflexionar durante muchos años sobre su encuentro personal con Cristo. De ahí que componga el más reflexivo y teológico de los evangelios. Hay,

---

13. Hitchens, C., *Dios no es bueno*, ePUB, 2007 (p. 120).

por lo tanto, entre los cuatro, individualidad y diferencia pero también interdependencia y convergencia en aquello que es el mensaje esencial. Son, pues, diferentes momentos de revelación.

A lo largo de la historia, muchos han pensado que estos diferentes matices evangélicos suponían un problema de armonización y han intentado reconstruir una única vida de Jesús a partir de la información que aportan los cuatro evangelios. Sin pretender desmerecer tales empresas, creo que esto es como pedirle a una agrupación coral que cante al unísono. Cuando un coro compuesto por muchas voces de diferentes matices es obligado a leer la misma partitura, idénticas notas y al mismo tiempo, se le reduce notablemente su riqueza musical. Por el contrario, solamente la libre expresión de todas las vibraciones que manifiestan las distintas melodías es capaz de generar esa armonía y belleza deseada. Algo similar ocurre con los cuatro evangelios del Nuevo Testamento. Su diversidad, y no su uniformidad, constituye la singular armonía teológica que les caracteriza. Dios se nos revela en ellos a través de su Hijo Jesucristo. De ahí que, dos milenios después de haber sido escritos, sigan enriqueciendo la vida de millones de personas por todo el mundo.

Por otro lado, si fueran idénticos, ¿no resultarían sospechosos? ¿Acaso no podría decirse que sus autores se pusieron de acuerdo para elaborar artificialmente la misma historia con el fin de captar adeptos? Pero semejante acusación no se le puede hacer a los evangelios. Al tratarse de cuatro relatos independientes, lo lógico es esperar ciertas diferencias que ofrezcan un cuadro más rico y completo del Señor Jesús. Sin embargo, insistimos, tales diferencias no constituyen errores ni contradicciones, como dicen nuestros críticos, sino aspectos complementarios de una misma verdad revelada.

Otra afirmación de los nuevos ateos acerca de los evangelios es que, al ser escritos muchos años después de los hechos que relatan, esto habría permitido la proliferación de mitos populares sobre la vida de Jesús que estarían incluidos en el texto. ¿Cuándo fueron escritos? ¿Realmente pasó tanto tiempo? No hay un consenso definitivo acerca de las fechas en las que fueron escritos los evangelios. Por tanto, conviene tener presente que siempre se trata de tentativas y aproximaciones teniendo como base detalles históricos tanto internos como externos al propio texto bíblico. También es menester reconocer que el propósito de los evangelios no es dar fechas o datos exactos de los acontecimientos que estaban sucediendo o que iban a suceder, sino más bien presentar al Señor Jesucristo como el Salvador.

No obstante, según los conocimientos actuales, y teniendo en cuenta que el ministerio de Jesús se desarrolló entre los años 27 y 30 de nuestra era, se supone que hacia el año 100 d.C. el Nuevo Testamento ya había sido completado, aunque la mayoría de los libros que lo componen fueron escritos entre veinte y cuarenta años antes de dicha fecha. Se cree que el evangelio de Marcos fue el primero en redactarse entre los años 60 y 70 d.C. Esto significa que solamente pasaron tres décadas entre los acontecimientos de la vida de Jesucristo y su puesta por escrito. Mateo y Lucas vieron la luz poco después, entre el 80 y 90 d.C. Y por último, Juan habría sido escrito entre el 90 y el 100 d.C. No tiene demasiado sentido pensar en una proliferación de mitos o leyendas en tan poco tiempo ya que, con toda probabilidad, vivirían muchas personas que habrían sido testigos directos o indirectos de la historia de Jesús y podrían corroborar o no los acontecimientos relatados por los evangelistas.

Aunque pasó poco tiempo entre el Maestro galileo y los primeros escritos evangélicos, sí es verdad que durante ese período los acontecimientos acerca de su vida fueron aprendidos de memoria por los discípulos y transmitidos oralmente. ¿Podemos confiar en dicha tradición oral? ¿No podrían haberse deformado las historias al pasar de boca en boca, tal como dicen los incrédulos? Probablemente se habrían tergiversado en una cultura no acostumbrada a la transmisión oral como es la nuestra de Occidente. Pero el ambiente oriental, en el que vivió Jesús y se gestó la Escritura, llevaba milenios entrenándose en la práctica de la memoria oral. Durante generaciones se había preservado y transmitido con exquisita precisión gran cantidad de información histórica. Pasajes del Antiguo Testamento, como por ejemplo Deuteronomio 6:4-9, nos indican claramente la gran importancia que le daba el pueblo judío a la instrucción oral, así como a la memorización de acontecimientos y textos bíblicos. Se sabe que los rabinos habían desarrollado tanto su capacidad memorística que eran capaces de aprenderse y repetir todo el Antiguo Testamento. Pues bien, en una cultura de la memoria como la hebrea, es donde se trasmitieron oralmente durante unos treinta o cuarenta años los hechos fundamentales de la vida de Jesús. ¿Alguien puede creer que estos cristianos primitivos, que se jugaban la vida por su fe, introdujeran mitos o falsedades en sus predicaciones? Yo creo que el respeto que sentían los primeros creyentes por la Palabra inspirada y por la sabiduría de Dios, que se transmitía oralmente en cada frase, permite que podamos confiar plenamente en la fidelidad de su testimonio.

Las tergiversaciones y contradicciones bíblicas a que se refiere el Nuevo ateísmo no existen más que en la mente de unos autores que, por desgracia, ya han decidido previamente no creer, antes de leer y profundizar sin prejuicios en el genuino mensaje de las Escrituras. No obstante, como bien escribe el autor de Hebreos (11:6): *Pero sin fe es imposible agradar a Dios; porque es necesario que el que se acerca a Dios crea que le hay, y que es galardonador de los que le buscan.* Al parecer, a Christopher Hitchens y a sus colegas no les preocupa demasiado la idea de agradar a Dios.

¿Es Dios una hipótesis?

Nos hemos referido en alguna otra ocasión al frecuente error que comenten los proponentes del Nuevo ateísmo en sus escritos, considerando que la existencia de Dios es equiparable a una hipótesis científica y que, por tanto, como cualquier otro planteamiento susceptible de ponerse a prueba, sería posible demostrar su falsedad o veracidad. De esta manera, llegan fácilmente a la equivocada conclusión de que, si no es posible establecer ninguna comprobación científica que confirme la realidad de Dios es porque éste no existe y el ateísmo es cierto. En este sentido, Richard Dawkins escribe: «Si se acepta el argumento de este capítulo, la premisa factual de la religión –la Hipótesis de Dios– es insostenible. Es casi seguro que Dios no existe. Con mucho, esta es la conclusión principal del libro»[14]. Al hacer tales razonamientos, parece ignorar por completo aquella antigua máxima que reza así: «La ausencia de pruebas de la existencia de Dios no es prueba de que no exista». Pero, en fin, volvamos a la pregunta fundamental: ¿Es Dios una hipótesis comprobable desde la ciencia humana?

Como todo el mundo sabe, la ciencia trabaja con aquello que es tangible, material y se puede percibir de manera precisa. Sin embargo, la realidad de la existencia de Dios no puede ser detectada por el método científico habitual porque trasciende dicha materialidad. De ahí que las investigaciones de los hombres y mujeres de ciencia sean incapaces de demostrar o negar a Dios. Éstos estudian lo que es físico y natural pero la divinidad, por definición, pertenece a otro ámbito completamente distinto. Se trata de lo metafísico, es decir, de aquello que está por encima de la física; o lo sobrenatural, más allá de la naturaleza material del universo. Negar estas otras realidades, como hacen los proponentes del Nuevo ateísmo, es caer en el trasnochado *positivismo* radical que rechazaba a priori cualquier realidad espiritual o trascendente, precisamente porque éstas no pueden ser detectadas por la ciencia de los hombres. Asimismo es incurrir en el *cientificismo* que considera que los únicos conocimientos válidos serían aquellos que se adquieren mediante las ciencias positivas y que, por lo tanto, éstos se deberían aplicar a todos los dominios de la vida intelectual y moral sin excepción.

No obstante, entender a Dios como una simple causa finita y considerarlo como cualquier otra hipótesis es reducir equivocadamente su infinito misterio y caer en una curiosa forma de idolatría. Si Dios es sólo una hipótesis de trabajo, entonces se le está considerando como realidad finita y resulta que venerar cualquier objeto finito es fetichismo o idolatría. Este es el error que cometieron en la Edad Media algunos pensadores creyentes, al

---

14. Dawkins, R., *El espejismo de Dios*, ePUB, 2011 (p. 144).

entender a Dios sólo como la causa primera del sistema físico del mundo. Aunque, por supuesto, él sea el creador del Universo y la vida, Dios es mucho más que una primera causa eficiente. Si solamente fuera eso, no merecería adoración por parte de nadie. Pero, por fortuna, la teología bíblica no comparte esta raquítica idea de la divinidad, sino que muestra un Dios personal de infinita belleza e ilimitado amor que conoce perfectamente a sus criaturas.

Aparte de lo que descubre cada día la ciencia y del conocimiento que aporta a la humanidad, hay también otras fuentes que permiten descubrir la verdad y conocer el mundo que nos rodea. Las propias relaciones humanas muestran, por ejemplo, que aunque resulte difícil medir con precisión el amor que un esposo o esposa siente hacia su cónyuge, éste puede ser algo muy real. La ciencia sirve de bien poco cuando se pretende conocer los sentimientos más íntimos de una persona. Considerar la subjetividad de un ser humano como si sólo fuera un objeto de estudio más de la naturaleza sería un grave error, tanto desde el punto de vista moral como del propio conocimiento. El método científico no resulta del todo eficaz para medir los sentimientos que reflejan, pongamos por caso, el brillo de los ojos de una persona enamorada. Para entender dicha verdad es menester abandonar la razón y dejarse llevar por esa otra realidad del sentimiento amoroso. Hay espacios de la existencia en los que el método controlador de las ciencias naturales no puede entrar. Lo mismo ocurre cuando nos admiramos ante una obra de arte o frente a la belleza de la naturaleza. El análisis objetivo es incapaz de explicar el valor estético o las emociones que se producen en el alma humana al contemplar la hermosura o la bondad.

Pues bien, algo parecido ocurre con el misterio de Dios. Lo esencial para llegar a descubrirlo no son las pruebas impersonales a favor de la «hipótesis científica» de su posible existencia, sino la experiencia íntima y personal. De la misma manera en que somos incapaces de reunir suficientes pruebas del amor de nuestros seres más queridos, aunque ellos nos importen mucho más que cualquier otra cosa en el mundo, y debamos abandonarnos siempre a la confianza sin intentar demostrar intelectualmente dicha relación, también en el encuentro de la criatura humana con el amor infinito de Dios ocurre lo mismo. Para conocerle es menester arriesgarse a experimentar un profundo cambio de vida porque sin semejante transformación personal no es posible descubrir a Dios. Si el universo existe y adquiere su sentido en este inmenso y sublime amor de Dios que lo empapa todo, ¿cómo se puede pretender descubrir la divinidad sin pasar por tal experiencia personal de amor? No existen atajos al margen de la fe para alcanzar al Ser Supremo. Quien no se haya enamorado previamente de él, está incapacitado para conocerle. Es lógico, pues, que los nuevos ateos crean que Dios no existe ya que no han encontrado «pruebas» materiales de su existencia y tampoco están dispuestos a dejarse interpelar por su infinito amor.

Desde luego, según se ha indicado, la ciencia no puede demostrar a Dios porque éste no entra en su reducido terreno de estudio. Sin embargo, ¿acaso el cosmos no ofrece indicios de sabiduría susceptibles de ser explicados mejor en el marco de un agente creador inteligente, que mediante el darwinismo ateo y materialista? ¿Estaba errado el salmista al afirmar que *los cielos cuentan la gloria de Dios, y el firmamento anuncia la obra de sus manos*? ¿No debemos considerar inspiradas las palabras del apóstol Pablo cuando dice que *las cosas invisibles de él, su eterno poder y deidad, se hacen claramente visibles desde la creación del mundo, siendo entendidas por medio de las cosas hechas*? Algunos teólogos evolucionistas consideran que pensar así es una «deshonestidad teológica» porque no se debería recurrir a Dios para explicar la complejidad cósmica o biológica. Desde tal perspectiva, se acusa tanto a los nuevos ateos, por suponer que la divinidad es una hipótesis contrastable, como a los creacionistas y a los partidarios del Diseño inteligente, por creer que los datos científicos confirman la realidad de un agente sobrenatural.

En este sentido, el teólogo católico evolucionista, John F. Haught, escribe: «Los valedores del diseño inteligente, todos los cuales son teístas, consideran que el diseño inteligente funciona como una hipótesis científica –o más precisamente, una teoría científica– contrapuesta a la teoría de la evolución. Aunque no todos los defensores del diseño inteligente identifican de forma explícita al diseñador inteligente con Dios, es manifiesto que recurren sin falta a un agente sobrenatural como si ello fuera una explicación científica. De forma en absoluto sorprendente, Dawkins aprovecha esta deshonestidad teológica como aval de su propio supuesto de que la idea de Dios funciona –o debería funcionar– para todos los teístas como una hipótesis científica que rivaliza con la biología evolutiva»[15]. Creo que Haught está en un error.

Los que proponen del Diseño inteligente saben muy bien que Dios no se puede reducir a una simple explicación científica. Lo único que ellos afirman es que el estudio metódico de la naturaleza revela complejidad, información e inteligencia en las entrañas de la materia y la vida. Tal constatación es perfectamente científica y no pretende salirse del ámbito de la ciencia. Otra cosa distinta sería reflexionar acerca del origen o la identidad de tal inteligencia. Sin embargo, es evidente que semejante ejercicio no es científico sino filosófico o teológico. Aunque en ocasiones esta diferenciación no se tenga suficientemente en cuenta, sobre todo por parte de algunos divulgadores, lo cierto es que los valedores del Diseño inteligente lo

---

15. Haught, J. F., *Dios y el Nuevo ateísmo*, Sal Terrae, Santander 2012, p. 76.

saben bien y así suelen reconocerlo. Por ejemplo, Michael J. Behe –con quien tuve el privilegio de dialogar recientemente– responde así a esta cuestión: «¿Cómo tratará la ciencia 'oficialmente', pues, la cuestión de la identidad del diseñador? ¿Los textos de bioquímica se deberán escribir con declaraciones explícitas de que 'Dios lo hizo'? No. La cuestión de la identidad del diseñador simplemente será ignorada por la ciencia»[16]. Behe es perfectamente consciente de que la ciencia no debe incurrir en el campo de la filosofía o la metafísica pues, si así lo hiciera, quedaría inmediatamente descalificada.

Ahora bien, cuando las diversas ciencias experimentales llegan al límite de sus posibilidades, ¿acaso debe detenerse el razonamiento humano? En el momento en que todas las explicaciones ordinarias, proporcionadas por el método científico, resultan insuficientes para dar cuenta de la realidad, ¿no deben buscarse otras posibles explicaciones extraordinarias? Este es precisamente el ámbito del razonamiento filosófico. El evolucionismo, tanto ateísta como teísta, o el Diseño inteligente están imposibilitados por su propio método para hablar de Dios. Sin embargo, la filosofía puede proporcionar múltiples argumentos racionales a favor, o en contra, de la existencia de un ser sobrenatural. Esta disciplina es capaz de ofrecer explicaciones extraordinarias allí donde las ordinarias se agotan.

El argumento de Behe acerca de la complejidad irreductible que muestran los seres vivos es un razonamiento estrictamente científico, basado en la estructura de órganos y sistemas biológicos que pueden ser estudiados en la naturaleza. Tal consideración pone de manifiesto que la teoría darwinista hasta ahora aceptada, presenta serios problemas para seguir explicando la realidad. Apelar a la acumulación de pequeñas mutaciones casi imperceptibles ocurridas y seleccionadas al azar, a lo largo de millones de años, para dar cuenta de los sofisticados sistemas biológicos que encontramos hasta en las células más simples, resulta ya insuficiente. No es que al descartar el darwinismo materialista deba imponerse inmediatamente la alternativa del diseño como una conclusión obligada. El hecho de que el gradualismo de Darwin sea incapaz de explicar la realidad, hoy por hoy, no implica necesariamente que no pueda encontrarse otro mecanismo natural capaz de hacerlo. Sin embargo, lo que pone de manifiesto la hipótesis científica del diseño inteligente es una grave anomalía del paradigma darwinista que parece insuperable frente a los conocimientos actuales.

La conclusión que propone el diseño, acerca de que el cosmos y la vida parecen haber sido diseñados inteligentemente, es una conclusión lógica hecha desde la base de los datos científicos. Y aunque no sea una deducción concluyente para todo el mundo, sí que es racionalmente legítima. Pero el territorio científico del diseño se interrumpe precisamente aquí, en

16. Behe, M. J., *La caja negra de Darwin*, Andrés Bello, Barcelona 1999, p. 309.

la frontera que delimita la cuestión acerca de la identidad de semejante inteligencia previa. La ciencia no dispone de visado para traspasar esta frontera. Las implicaciones del diseño pertenecen a otro país, al de las conclusiones de naturaleza filosófica que no se preocupan por cómo son las cosas, sino por cuál es su razón de ser. La sofisticada nanotecnología de las células puede hablarnos de un principio causal metafísico que está más allá de la ciencia humana. Y aunque esto no se pueda poner a prueba en ningún laboratorio del mundo, no por ello resulta menos probable. Tal inferencia es legítima e incluso imprescindible en el conocimiento de la realidad. Dios no es una hipótesis de la ciencia, pero sí una consecuencia lógica y argumentable desde la razón humana.

El firmamento anuncia la gloria de Dios

¿Es posible deducir la necesidad de la existencia de Dios sólo mediante la razón y partiendo de la realidad del universo? A lo largo de la historia, diferentes pensadores han intentado dar respuesta a dicha cuestión. Durante los últimos dos milenios y medio, se han elaborado numerosas versiones del llamado argumento cosmológico. Quizá las más famosas sean la segunda y tercera de las cinco vías de Tomás de Aquino que pretenden demostrar filosóficamente la presencia del Creador. Sin embargo, la mayoría de los pensadores contemporáneos están de acuerdo en que estas reflexiones del teólogo del siglo XIII no están entre las más afortunadas que produjo. Cinco siglos después, este tema fue retomado con mayor originalidad por el filósofo y matemático alemán, Leibniz, así como por el teólogo inglés, Samuel Clarke. Y recientemente, a principios del siglo XXI, algunos filósofos teístas como el profesor de Oxford, Richard Swinburne y el teólogo cristiano, William Lane Craig, entre otros, lo han vuelto a poner de actualidad a la luz de los últimos descubrimientos de las ciencias naturales[17].

La primera duda con la que se enfrenta la razón humana, en relación a este asunto, tiene que ver con la temporalidad del cosmos. ¿Tiene el universo una edad finita o infinita? Las diferentes respuestas dadas desde la noche de los tiempos han oscilado en un sentido u otro, en función de las creencias previas, bien en la eternidad de la materia o bien en la existencia de una o muchas divinidades creadoras que la originaron. No obstante, la ciencia actual parece mostrar que el universo llegó a existir a partir de la nada en un instante determinado. La teoría del Big Bang sugiere que si se retrocede lo suficiente en el tiempo, a partir de la expansión cósmica observable, se

---

17. Swinburne, R., *La existencia de Dios*, San Esteban, Salamanca 2011; Craig, W. L., «The Kalam Cosmological Argument», en *Philosophy of Religion*, Edinburgh University Press 2002.

llegaría a una materia cada vez más densa. Extrapolando así hacia atrás y teniendo en cuenta las leyes físicas, se podría concluir que el origen de la materia habría ocurrido a partir de una explosión y que no es posible tener conocimiento de nada anterior a tal acontecimiento.

Algunos especulan con la posibilidad de que antes de esta gran explosión hubiera habido leyes bastante diferentes a las que observamos hoy, que forzaran un supuesto colapso cósmico, un Big Crunch que habría sido el origen del Big Bang. Si esto hubiera sido así, entonces el universo podría ser eterno y no finito. Sin embargo, semejante razonamiento choca con una gran dificultad. Una sucesión infinita de expansiones y contracciones requeriría un considerable gasto energético que, en un universo eterno, habría provocado ya la muerte o parálisis cósmica. Por lo tanto, tenemos que concluir que, como no hay ninguna evidencia de tales leyes tan diferentes en el pasado, y como en lógica siempre es más simple y mejor no postular nada que algo, resulta que la hipótesis de que el universo llegó a existir en un tiempo finito es la alternativa más probable. ¿Qué significa todo esto? Pues que, desde los resultados científicos, la existencia del universo carece de explicación. Si nos limitamos a lo que dice la cosmología, esta es la conclusión lógica. Independientemente de que el mundo fuera eterno y aunque, como afirma hoy la ciencia, sea finito, lo cierto es que carece de explicación. ¿De dónde surgió? ¿Por qué se hizo? ¿Qué había antes? La ciencia es incapaz de ofrecer respuestas. La existencia de un universo que tuvo un principio en el tiempo es algo demasiado grande para que la ciencia humana pueda explicarlo.

Sin embargo, en esa encrucijada en la que se acaba el camino de la ciencia, comienza el de la filosofía. Tanto Leibniz como Swinburne proponen que la existencia del cosmos puede ser explicada «en términos personales». Es decir, como la causa de un universo físico no puede ser física, porque no existen causas físicas que existan aparte del universo mismo, entonces hay que buscar otro tipo de causa. La cuestión es ver si una causa personal que actuase desde fuera del cosmos sería capaz de originarlo. Richard Swinburne escribe: «La existencia del universo (físico) en el tiempo entra en mi categoría de cosas demasiado grandes para que la ciencia las explique. Para explicar la existencia del universo, hay que introducir la explicación personal y una explicación dada en términos de una persona que no es parte del universo y que actúa desde fuera»[18]. Lo que proponen estos autores es que únicamente la existencia y la intención de un Dios personal, que crea y actúa en la historia del universo, puede proporcionar una explicación completa, total y última de la realidad de cosmos.

---

18. Swinburne, R., *La existencia de Dios*, San Esteban, Salamanca 2011, p. 166.

En ocasiones se sugiere que apelar a Dios como causa del mundo es introducir algo complejo y más difícil de explicar que el propio universo y que, por tanto, esta solución iría contra el principio de «la navaja de Occam». Tal principio, que toma el nombre del monje y filósofo medieval, Guillermo de Occam, afirma que cuando existen varias explicaciones rivales, debemos elegir siempre la más sencilla. También se le conoce como la «ley de la parsimonia» que dice que cuando hay que decidir entre varias hipótesis contrarias, lo más sensato es optar por aquella que realice el menor número de supuestos. Pero lo que ocurre con el tema que nos ocupa es precisamente que no hay hipótesis contrarias. Decir, como hacen los valedores del Nuevo ateísmo, que el universo se ha creado a sí mismo, sin necesidad de ningún agente personal, no es una explicación racionalmente válida. No hay, por tanto, dos hipótesis rivales sino sólo una. No tiene sentido aquí apelar a la navaja de Occam.

Por otro lado, la suposición de que hay un Dios creador es una deducción extremadamente simple. Proponer la existencia de un ser divino poderoso, infinitamente sabio y perfectamente libre es postular la clase más simple de persona que podría haber. En realidad, los atributos infinitos de Dios tienen una simplicidad de la que carecen todos los demás seres finitos. La existencia del universo y de todo lo que éste contiene es menos simple, y por lo tanto menos esperable que se diera sin ninguna causa, que la propia existencia de Dios. De la misma manera que en matemáticas, el infinito y el cero son más simples que cualquier otra cifra numérica, también la infinitud divina posee la cualidad de lo verdaderamente simple.

Si Dios no existiera, sería muy poco probable que hubiera un universo físico complejo como el nuestro. Pero si existe algo, es más probable que sea Dios, que un cosmos complejo sin causa alguna. Si hay un Dios inteligente, es evidente que él es capaz de crear un universo material a partir de la nada inmaterial. Un Dios de bondad perfecta seguramente poseerá buenas razones para hacer un mundo apropiado para la vida y la inteligencia humana. Aún a sabiendas del mal que causaría el ser humano, un Creador infinitamente misericordioso habría preferido formar criaturas con libre albedrío para elegir entre el bien y el mal, que resignarse a la no existencia de las mismas. En fin, si existe tal Dios es muy probable que haya creado el universo. Y al revés, es muy improbable que el cosmos físico en que habitamos exista por sí mismo sin causa alguna, pero es muchísimo más probable que Dios exista incausado.

Yo creo que, a la luz de los últimos descubrimientos científicos, este argumento actualizado que parte de la existencia del universo físico para proponer la existencia de Dios es un buen argumento inductivo. Y ese Dios que se vislumbra desde la razón, esa realidad última del ser, no puede ser menos que un Dios personal capaz de comunicarse con el ser humano.

Curiosamente tal Dios coincide con el Ser Supremo que se muestra en la Biblia. Ésta no intenta jamás demostrar su existencia desde la razón sino que, más bien, la da por supuesta. Desde su primera frase: «En el principio creó Dios los cielos y la tierra» hasta el último libro del Apocalipsis, la fe se hace imprescindible porque sin ella resulta «imposible agradar a Dios». La razón filosófica puede conducirnos a la necesidad del Creador pero sólo la experiencia íntima de la fe es capaz de revelarnos la belleza y la bondad del Dios personal que se manifiesta en Jesucristo. Aunque éste es ya el ámbito de la teología.

Argumento cosmológico «kalam»

La palabra árabe «kalam» significa «discurso» y se refiere a la tradición islámica de buscar principios teológicos por medio de la dialéctica. Adaptando dicho término a la mentalidad occidental, quizá se podría decir que el «kalam», entre otras cosas, es una especie de teología natural que procura deducir la existencia de Dios a partir del cosmos natural. El argumento cosmológico «kalam» hunde sus raíces en las obras del teólogo bizantino cristiano, Juan Filópono (490-566 d.C.), y en las del teólogo sunita, al-Ghazali (1058-1111 d.C.). Recientemente, el filósofo norteamericano y teólogo cristiano, William Lane Craig, especializado en metafísica y filosofía de la religión, ha realizado un importante trabajo al adecuar dicho argumento antiguo a la filosofía contemporánea[19]. Desgraciadamente sus obras no han sido todavía traducidas al español, como muchas otras de autores teístas que escriben en inglés. Sin embargo, Craig ha hecho importantes contribuciones al tema de la racionalidad de la existencia divina.

La cuestión fundamental que se plantea dicho argumento es: ¿Por qué existe algo en vez de nada? Es evidente que esta pregunta no puede responderse desde la ciencia pero, ¿puede hacerse desde la filosofía? El Dr. Craig cree que sí y para responderla emplea el siguiente razonamiento. Su primera premisa afirma que «todo lo que comienza a existir requiere una causa». La segunda, confirma que «el universo comenzó a existir», mientras que la conclusión lógica es que «el universo requiere una causa» para su existencia.

Es cierto que en el universo todo aquello que empieza a existir necesita alguna causa que lo haya hecho. Los niños requieren de sus progenitores; los leones sólo pueden ser engendrados por otros leones; las bananas, naranjas o piñas tropicales únicamente se producen por filiación vegetal a partir de otras plantas de su misma especie; las rocas y cristales minerales han sido el producto de una mineralización en condiciones ambientales

---

19. Cf. Craig & Moreland, 2009, en wikipedia.org/wiki/Kalam_cosmological_argument

determinadas. Y así, llegaríamos a los planetas, estrellas, galaxias y al propio universo completo. Todo lo que comienza necesita una causa capaz de originarlo. Sin embargo, Dios no entra en esta categoría. Suponiendo que existiera, él sería por definición eterno ya que jamás habría empezado a existir y, por supuesto, nunca morirá. Tal es la idea que intenta expresar el salmista al decir: «Desde el siglo y hasta el siglo, tú eres Dios» (Sal. 90:2). La pregunta acerca de quién creó a Dios es absurda porque si es Dios, ya no puede haber sido creado. Pero, aparte del Ser Supremo, nada que forme parte de este mundo se ha formado a partir de la nada absoluta sin una causa productora. No tenemos evidencia de que algo haya surgido alguna vez de la nada. Cualquier cosa que empiece a existir o haya tenido un principio es porque «algo» tuvo que traerla a la existencia.

Cuando se afirma que el universo surgió de la nada, o de una singularidad espaciotemporal, ¿qué se quiere decir? En cosmología, la nada original puede contener energía y partículas cuánticas, sin embargo, en la nada absoluta no hay energía, ni materia, ni espacio, ni tiempo. Tal como decían los antiguos filósofos griegos, «de la nada viene nada». Pues bien, todo esto significa que resulta más razonable pensar que las cosas requieren unas causas concretas, que creer que algo que comienza a existir no requiere una causa.

La segunda premisa del argumento «kalam» acerca de que el universo comenzó a existir en un tiempo determinado goza hoy de un apoyo científico mayoritario. La teoría del Big Bang es generalmente aceptada porque se basa en evidencias que pueden ser contrastadas en la naturaleza. Hacia ella apuntan la teoría de la relatividad general de Einstein, la radiación de microondas procedentes del cosmos, el corrimiento hacia el rojo de la luz que nos llega de las galaxias que se alejan de la Tierra, las predicciones radioactivas sobre la abundancia de elementos, la coincidencia con el modelo de la abundancia del hidrógeno y el helio, la segunda ley de la termodinámica en relación a la fusión nuclear en el núcleo de las estrellas, etc. De manera que la afirmación de que el cosmos empezó a existir es, hoy por hoy, una premisa fundamental de la ciencia. El Big Bang afirma que el espacio, la materia o la energía y el tiempo fueron creados en un instante. Y esto significa que antes de dicho momento no existía ninguna de tales realidades, sino que comenzaron a existir.

Actualmente, gracias a los avances de la tecnología usada en física cuántica, resulta posible crear materia en los laboratorios y almacenarla en botellas magnéticas. Tanto partículas subatómicas como sus correspondientes antipartículas. Materia y antimateria como electrones y antielectrones, pero también antiprotones y antineutrones. Cada tipo de partícula material posee su antipartícula correspondiente. Esto ha permitido elucubrar a quienes se empeñan en no aceptar la realidad de un Creador sabio, que si hoy es posible para el hombre crear materia de forma natural en el laboratorio, ¿por qué no pudo originarse también así al principio, por medios exclusivamente naturales y sin la intervención de ningún agente sobrenatural? Sin embargo, la refutación de esta posibilidad viene de la mano de la propia física cuántica.

Resulta que cuando la materia y la antimateria se hallan juntas, se destruyen mutuamente liberando una enorme cantidad de energía. Se trata de un fenómeno natural opuesto al de la creación de materia. De modo que es como un pez que se muerde la cola. Cuando en el laboratorio se concentra artificialmente la suficiente energía se obtiene la misma cantidad de materia que de antimateria. Pero si éstas entran en contacto, se eliminan recíprocamente en una explosión que libera toda la energía que contienen. ¿Cómo pudo entonces al principio crearse toda la materia del cosmos sin ser contaminada y destruida por su correspondiente antimateria? ¿Dónde está hoy en el universo toda la antimateria que debió originarse durante la creación? Si tal formación de materia ocurrió sólo mediante procesos naturales, como algunos creen, ¿no se debería hallar una proporción equilibrada al cincuenta por ciento de materia y antimateria? Sin embargo, las investigaciones cosmológicas muestran que la cantidad máxima de antimateria existente en nuestra galaxia es prácticamente despreciable.

A pesar de los intentos de algunos astrofísicos por dar solución a este dilema, lo cierto es que no se ha propuesto ninguna explicación satisfactoria capaz de argumentar la necesaria separación entre materia y antimateria. Se dice que aunque en los laboratorios actuales se obtiene siempre materia y su correspondiente antimateria simétrica, al principio pudo no ser así ya que las condiciones de elevada temperatura que debieron imperar entonces quizá hubieran permitido un ligero exceso de materia. El famoso físico Paul Davies lo explica así: "A una temperatura de mil millones de billones de grados, temperatura que únicamente se podría haber alcanzado durante la primera millonésima de segundo, *por cada mil millones de antiprotones se habrían creado mil millones de protones más uno*. [...] Este exceso, aunque ínfimo, podría haber sido crucialmente importante. [...] Estas partículas sobrantes (casi un capricho de la naturaleza) se convirtieron en el material que, con el tiempo, formaría todas las galaxias, todas las estrellas y los planetas y, por supuesto, a nosotros mismos»[20]. Pero, ¿no es esto también un acto de fe que no se puede comprobar satisfactoriamente?

La idea de un universo simétrico en el que existiría la misma cantidad de materia que de antimateria, fue abandonada ante la realidad de las observaciones. El cosmos actual es profundamente asimétrico y esto constituye un serio inconveniente para explicar su origen mediante mecanismos

20. Davies, P., *Dios y la nueva física*, Salvat, Barcelona 1988, p. 36.

exclusivamente naturales. «Algo» o «alguien» tuvieron que intervenir de manera inteligente al principio para separar la materia de la antimateria. En realidad, se trata de un problema de creencia personal: fe naturalista en los «mil millones de protones más uno», algo absolutamente indetectable, o fe en el Creador sobrenatural que dijo: «Sea la luz; y fue la luz».

En el vacío cuántico pueden surgir partículas virtuales de materia que subsisten durante un período muy breve de tiempo que suele ser inversamente proporcional a su masa. Es decir, cuanto mayor masa poseen, menos tiempo existen. No obstante, el universo posee demasiada masa como para haber durado los catorce mil millones de años que se le suponen, si hubiera surgido como partícula virtual. Además, dicho vacío cuántico es creado artificialmente por los científicos en los laboratorios. Sin embargo, antes del Big Bang no había vacío cuántico, ni científicos que crearan las condiciones adecuadas, sólo la nada más absoluta.

La creación natural de materia a partir de energía, o del movimiento de partículas subatómicas, que provoca hoy el ser humano por medio de sofisticados aparatos, no es comparable a la creación divina del universo a partir de la nada absoluta. Existe un abismo entre ambas acciones. Donde no hay energía, ni movimiento, ni espacio, ni materia preexistente, ni tiempo, ni nada de nada, no es posible que surja algo de forma espontánea. Cada acontecimiento debe tener una causa previa y no es posible obviar que el universo tiene una causa. Desde el naturalismo científico, que descarta cualquier agente sobrenatural, es imposible comprender cómo la creación a partir de la nada pudo suceder de manera natural. ¿Cuál pudo ser entonces la verdadera causa del universo?

Si el espacio se creó al principio, aquello que lo creó no debía estar contenido en dicho espacio físico. Esto significa que lo que causó el universo no podía ser una causa física porque todas las causas físicas pertenecen al mismo universo y existen dentro del espacio. Y lo mismo se puede argumentar desde la perspectiva del tiempo. La causa del cosmos tampoco puede estar limitada por el tiempo. Es decir, nunca comenzó a existir ya que necesariamente tenía que ser eterna. De la misma manera, si toda la materia del mundo surgió en el primer momento, como afirma el Big Bang, lo que sea que causara el comienzo del universo debió ser algo inmaterial puesto que nada físico podía existir antes de dicho evento.

¿Existe alguna entidad que responda a tales características? El Dr. Craig dice que el ser humano suele estar familiarizado con dos realidades que pueden ser consideradas como no espaciales, inmateriales e intemporales. La primera viene constituida por ciertos objetos abstractos tales como los números, los conjuntos y las relaciones matemáticas. Mientras que la segunda es la mente humana. Ahora bien, es sabido que los objetos abstractos son incapaces de causar efectos en la naturaleza. Ni los números ni las relaciones entre ellos crean realidades materiales partiendo de la nada. Por el contrario, somos perfectamente conscientes de los efectos que pueden tener nuestras mentes sobre el mundo que nos rodea. La mente humana puede hacer que el brazo y la mano se extiendan para saludar a alguien, que manos y pies se coordinen para conducir un automóvil o el A380 de Emirates, que es actualmente el avión de pasajeros más grande del mundo. Por lo tanto, si se eliminan las matemáticas y su simbología abstracta, nos queda la mente como posible causa del universo. Cuando se anula lo que resulta imposible, aquello que queda –por muy improbable que pueda parecer– tiene que ser la verdad.

El razonamiento lógico nos permite concluir que el universo físico tuvo que ser originado por una mente sobrenatural poderosa y sabia que no formaba parte de la naturaleza, ni estaba sometida al tiempo o al espacio. Por lo tanto, como únicamente Dios puede poseer semejantes atributos, sólo él puede ser la verdadera causa del universo.

Puede que algunos creyentes piensen que para semejante camino no hacían falta tantas alforjas y que esta misma conclusión ya la ofrece la Biblia desde su primera página. Sí, es cierto. Pero una cosa es deducir la necesidad de Dios desde la pura razón, y mediante los medios que hoy nos brinda el conocimiento humano, y otra muy distinta descubrirle desde la experiencia personal e íntima de la fe. Una cosa no quita la otra.

CAPÍTULO 4
Moralidad de los nuevos ateos

El comportamiento del ser humano está íntimamente relacionado con su manera de entender el universo. Explicaciones cosmológicas contrapuestas suelen generar también visiones opuestas de la moralidad. Según cómo se entienda la naturaleza en general, se tendrán concepciones distintas sobre la propia naturaleza humana que conducirán inevitablemente a principios morales diferentes. Se puede decir que la persona cristiana vive en un universo moral muy distinto al de la persona atea, ya que aquello que es bueno para el creyente suele ser malo para el incrédulo y, al revés, lo que es malo para el cristiano es bueno para el ateo.

Veamos un ejemplo extraído de los añejos escritos de Charles Darwin. En su famosa obra *El origen del hombre*, dice: «El hombre, como cualquier otro animal, ha llegado, sin duda alguna, a su condición elevada actual mediante la lucha por la existencia, consiguiente a su rápida multiplicación; (…) De aquí que nuestra proporción o incremento, aunque nos conduce a muchos y positivos males, no debe disminuirse en alto grado por ninguna clase de medio. Debía haber una amplia competencia para todos los hombres, y los más capaces no deberían hallar trabas en las leyes ni en las costumbres para alcanzar mayor éxito y criar al mayor número de descendientes»[1]. Es sabido que Darwin fue un fiel esposo durante toda su vida. Sin embargo, escribió estas sorprendentes palabras dentro del marco de su teoría de la evolución. ¿Qué implicaciones morales tienen tales ideas?

Si el motor de la evolución es la selección natural de los que están mejor adaptados al ambiente, por encima de quienes no lo están, en su lucha por la supervivencia, ¿no debería permitirse a «los mejores» machos procrear más y fecundar al mayor número posible de hembras «superiores»? Esta conclusión darwinista, que tanto recuerda las medidas eugenésicas de otras épocas, choca frontalmente contra la concepción cristiana del matrimonio monógamo. La fidelidad conyugal, que reflejan las palabras de Jesús: «Por esto dejará el hombre a su padre y a su madre, y se unirá a su mujer, y los dos serán una sola carne» (Mc. 10:7-9), es contraria a los

---

1. Darwin, Ch., *El origen del hombre*, Petronio, Barcelona 1973, p. 803.

intereses evolutivos de la mejora de la raza porque impide la propagación de los genes adecuados.

La interpretación literal de las frases de Darwin dan carta blanca al adulterio o a la poligamia, pero sabemos que ambas prácticas son censurables desde la perspectiva cristiana. Tal como se ha señalado anteriormente, aquello que puede ser bueno para el ateo darwinista no lo es para el creyente que desea vivir desde una concepción cristiana de la existencia. Pero si se aceptan plenamente las conclusiones de la evolución ateísta, no tiene demasiado sentido reducir la sexualidad a una unión monógama de por vida entre hombre y mujer, ya que tal comportamiento sería genéticamente perjudicial para la especie. Entonces, ¿por qué Darwin y muchos de sus seguidores no pusieron en práctica la promiscuidad sexual que pregona su teoría? ¿Qué sentido tiene respetar una monogamia artificial de raíces religiosas que atenta contra los fundamentos del darwinismo no teísta? Un ateo, si quiere ser coherente con su increencia, no puede decir que Dios no existe y, al mismo tiempo, vivir según el principio de fidelidad conyugal ordenado por Dios. Un cosmos sin Dios es un cosmos sin moralidad, con una naturaleza que no es cruel o despiadada, sino absolutamente indiferente. Por tanto, desde la teoría evolutiva, no puede existir un tipo de matrimonio que sea moral. Como mucho, se podría imaginar algún escenario en el que la monogamia podría haber constituido una buena adaptación en algún momento concreto de la evolución humana. Pero nada más. Esto sería algo excepcional ya que disminuir posibilidades procreativas difícilmente constituiría una buena estrategia selectiva.

En otro lugar de la misma obra, Darwin se refiere a las personas débiles portadoras de genes defectuosos con las siguientes palabras: «Nosotros, los hombres civilizados, hacemos todo lo posible por detener el proceso de eliminación; construimos sanatorios para los locos, los tullidos y los enfermos; creamos leyes para los pobres; y nuestros médicos ponen en juego toda su destreza para salvar cada vida hasta el último instante (…). Así propagan su especie los miembros más débiles de las sociedades civilizadas. (…) Esto es altamente lesivo para la raza humana». Sin embargo, en la página siguiente reflexiona: «…de despreciar intencionalmente a los débiles y desamparados, acaso pudiera resultar un bien contingente, pero los daños que resultarían son más ciertos y muy considerables. Debemos, pues, sobrellevar sin duda alguna los males que a la sociedad resulten de que los débiles vivan y propaguen su raza»[2]. Quizá –sugiere Darwin– lo que se podría hacer es que dichas personas «no tengan tanta libertad para casarse como los sanos».

---

2. *Ibid.*, pp. 190-191.

Aquí se refleja otro conflicto de moralidades. Por una parte, Darwin resalta la cruda realidad eugenésica que se desprende de la selección natural. La reproducción de los débiles propaga taras genéticas y el empobrecimiento racial. Por la otra, aparece el rasgo evolutivo de la compasión humana que vendría a neutralizar los devastadores efectos sugeridos por el darwinismo radical. La debilidad de tal razonamiento resulta evidente. ¿Por qué no seguir las reglas de la evolución hasta sus últimas consecuencias? Si la evolución es la única causa del rasgo moral de la compasión –como piensa Darwin– y, resulta que, dicha evolución sólo favorece la compasión en la medida en que ésta contribuye a la supervivencia de la especie, ¿por qué seguir con la compasión cuando aparezca el conflicto? ¿No eliminará la propia selección natural a quienes confíen en la compasión cuando sea el salvajismo el que favorezca la supervivencia? La lógica de la evolución ciega choca contra los deseos de justicia y moralidad arraigados en el alma humana. No es extraño que, al seguir sólo la razón fría de la eugenesia, algunos crearan auténticos infiernos en la Tierra.

Algo parecido ocurre cuando se analizan ciertos temas tales como la guerra, el infanticidio, la práctica del canibalismo, el incesto, etc. Desde el punto de vista del darwinismo ateo estas prácticas pueden ser eficaces métodos de la selección natural para conseguir que una determinada especie o raza prospere por encima de las demás. Por tanto, no habría que considerarlas como comportamientos inmorales, sino como mecanismos evolutivos. Al eliminar a Dios como causa sobrenatural de la moralidad humana se hace muy difícil condenar todas estas abominables prácticas. En el universo darwiniano que carece de un Creador, el ser humano no es más que el producto de fuerzas impersonales y de la amoralidad de la naturaleza. No existe, por tanto, un único criterio estándar de moralidad.

Sin embargo, en la concepción cristiana del mundo, da igual que las fieras se comporten como lo hacen y se maten unas otras para sobrevivir, porque el ser humano es otra cosa. Los hombres no sólo son animales, sino mucho más que eso. La diferencia fundamental entre el universo moral darwinista y el cristiano se basa en la Revelación bíblica. Por ella entendemos que las personas son cualitativamente distintas de los animales. Aunque compartimos con ellos muchos rasgos biológicos, el hecho de ser imagen de Dios nos otorga una dimensión moral y espiritual que hace sagrada nuestra vida gracias a la obra del Creador. El bien y el mal moral hunden sus raíces en nuestra propia naturaleza diseñada y cada criatura humana es responsable de su comportamiento que, en definitiva, procede de sus decisiones libres. Esta libertad de decisión, que nos permite ser personas morales, nos confiere también la posibilidad del dominio de la voluntad. A pesar de todo, tropezamos y con frecuencia caemos. Sin embargo, no estamos solos. Tenemos un Padre amoroso que envió a su Hijo para darnos la mano y suplir nuestra debilidad moral.

Los «memes» de Dawkins y la moral de hoy

El «Zeitgeist moral» –término alemán que podría traducirse por el «espíritu moral de nuestra época»– constituye el título de un capítulo de la obra *El espejismo de Dios*, que su autor, Richard Dawkins, dedica al asunto de la moralidad contemporánea[3]. Según este famoso biólogo británico nacido en Kenia, el sentido moral de hoy, que sería característico en la mayoría de los seres humanos, tanto entre ateos como en cristianos, no provendría de las diferentes creencias religiosas, ni tampoco de la Biblia, sino de la evolución que casualmente nos habría hecho muy semejantes. Por ejemplo, si en la actualidad disfrutamos de un creciente consenso liberal, creemos en la libertad de expresión, no vemos bien el racismo, la esclavitud ni la discriminación por razón del sexo, pagamos impuestos y no solemos hacer trampas, ni matamos, ni cometemos incesto sería porque nuestros «memes» nos han modelado culturalmente tal como somos. ¿Qué son los memes?

En su libro *El gen egoísta*, editado en 1976, Dawkins hizo pública por primera vez su idea del «meme cultural». En su opinión, el meme sería la unidad teórica de información cultural transmisible de un individuo a otro y, por tanto, de una generación a la siguiente. «Ejemplos de memes son: tonadas o sones, ideas, consignas, modas en cuanto a vestimenta, formas de fabricar vasijas o de construir arcos. Al igual que los genes se propagan en un pozo de genes al saltar de un cuerpo a otro mediante los espermatozoides o los óvulos, así los memes se propagan en el pozo de memes al saltar de un cerebro a otro mediante un proceso que, considerado en un sentido más amplio, puede llamarse de imitación»[4]. De igual manera que los genes biológicos se transmiten de generación en generación, así ocurriría también con estos hipotéticos memes culturales. Y semejante proceso habría originado el espíritu moral de nuestro tiempo que existe en casi todas las sociedades civilizadas.

Aparte del hecho de que esta teoría de los memes no es aceptada universalmente, ni siquiera dentro del ámbito evolucionista[5], quizá pudiera generar esperanza, a primera vista, la precipitada conclusión de Dawkins de que los memes hayan hecho posible que no existan graves desacuerdos

---

3. Dawkins, R., *El espejismo de Dios*, ePUB, 2011 (p. 235).
4. Dawkins, R., *El gen egoísta*, Labor, Barcelona 1979, p. 281.
5. Cf. la crítica de Marvin Harris, *Teorías sobre la cultura en la era posmoderna*, Crítica, Barcelona 2004.

morales entre cristianos y ateos. Sin embargo, cuando esta idea optimista se analiza más detenidamente aparecen serios inconvenientes. Aunque pudieran darse ligeras similitudes, es evidente que la concepción cristiana de un mundo creado por Dios y su alternativa atea de un universo que se ha hecho a sí mismo, sin la intervención de un Creador sobrenatural, presentan también profundas e irreconciliables divergencias morales. Veamos algunas de ellas.

Desde los primeros años del cristianismo, los creyentes se han venido manifestando en contra del aborto y del infanticidio. Ante un mundo pagano que aceptaba y practicaba habitualmente la interrupción del embarazo y el asesinato de recién nacidos, los primeros cristianos se declararon abiertamente partidarios de la vida y asumieron una actitud de respeto hacia los seres no nacidos y los bebés. Desde los documentos extra-neotestamentarios más antiguos, como la *Didaché*, a los llamados padres de la Iglesia de los siglos posteriores, la prohibición de no matar y la idea de que todos los humanos son creados a imagen de Dios alcanzaban tanto a los recién nacidos como a los nonatos. Sin embargo, Dawkins escribe lo siguiente en relación a este tema: «Probablemente el utilitarismo puede servir para enfocar la cuestión del aborto de una forma muy distinta, intentando ponderar el sufrimiento. ¿Sufre el embrión? (Probablemente, no, si se aborta antes de tener un sistema nervioso; e incluso si es lo bastante maduro como para tener un sistema nervioso, seguramente sufrirá menos que, digamos, una vaca adulta en un matadero). ¿Sufre una mujer embarazada, o su familia, si elige no abortar? Probablemente, sí; y, en cualquier caso, dado que el embrión carece de sistema nervioso, ¿no debería recaer la elección en el bien desarrollado sistema nervioso de la madre?»[6].

Después de asegurar que todos los individuos compartimos un mismo espíritu moral que nos hace hoy más humanos que en tiempos pasados para enfrentar los dilemas éticos, Dawkins nos dice que los moralistas seculares no se preguntan sobre la humanidad del embrión, sino que se centran en la intensidad de su sufrimiento. «Es más probable que los moralistas laicos pregunten: 'No se preocupen en si es *humano* (¿qué puede eso *significar* para un grupúsculo de células?); ¿a qué edad es capaz de *sufrir* cualquier embrión en desarrollo, de cualquier especie?»[7]. Tal como reconoce, Dawkins no solamente sigue la doctrina de Darwin, sino también la del utilitarismo de John Stuart Mill. Este filósofo inglés del siglo XIX pensaba que uno debe actuar siempre con el fin de producir la mayor felicidad para el mayor número posible de personas, dentro de lo razonable. Tales ideas recuerdan las del epicureísmo antiguo presente en la época del

6. Dawkins, R., *El espejismo de Dios*, ePUB, 2011 (p. 263).
7. *Ibid.*, p. 269.

apóstol Pablo y, a primera vista, pueden parecer deseables. Sin embargo, presentan un problema. Si merece más respeto el ser que más sufre, una vaca adulta que va al matadero para ser degollada puede llegar a sufrir más que un niño en el vientre de su madre o que un bebé recién nacido, por lo tanto, desde el punto de vista moral, merece más respeto dicha vaca. El mamífero rumiante sería moralmente superior al embrión o feto humano porque sufriría más. Y así, en líneas generales, los seres humanos no tendrían por qué tener ninguna preferencia moral por encima de otros animales desarrollados.

No es de extrañar que Richard Dawkins llegue a semejantes conclusiones ya que, como él mismo manifiesta, sigue las directrices del filósofo ateo y evolucionista Peter Singer. Admite como válido un estudio de este autor en el que se afirma que los ateos y los creyentes poseen la misma visión moral. Además, este filósofo judío australiano defiende la idea de que todas aquellas especies animales que poseen una potencia cerebral importante deberían recibir el mismo trato moral que el hombre[8]». Esta afirmación, que en teoría parece muy humana y ecologista, termina en la práctica por considerar a las personas como si fueran animales. Singer defiende la eutanasia, el aborto y el infanticidio, no sólo para aliviar el posible sufrimiento del recién nacido, sino también para aclarar las dudas que los padres pudieran tener sobre la conveniencia de criar o no al hijo. Asimismo propone la eliminación precoz de todos los discapacitados, enfermos mentales o portadores de defectos genéticos porque, en definitiva, esto es también lo que suele hacerse con los demás animales que presentan tales deficiencias. Y, en fin, por esta vía del respeto al animal llega incluso a defender el bestialismo. Eso sí, siempre y cuando no se le provoque sufrimiento a dicho animal.

No sabemos lo que opina Dawkins sobre este último asunto, pero en la lista que ofrece de sus «Nuevos Diez Mandamientos» incluye lo siguiente: «Prueba todas las cosas. (…) Disfruta de tu propia vida sexual (en tanto no hagas daño a nadie) y deja a los demás que disfruten la suya en privado, sean cuales sean sus inclinaciones, que, en ningún caso, son asunto tuyo»[9]. No podemos decir qué incluye la frase «sean cuales sean sus inclinaciones» porque no se especifica claramente, pero cuando se borran las fronteras morales entre especies se puede esperar cualquier comportamiento.

Es evidente que, salvo puntuales excepciones, ateos y creyentes no poseemos la misma visión moral de las cosas. Cuando las personas creían en el Dios que se revela en Jesucristo, había prácticas que no se consideraban lícitas. Sin embargo, después del proceso secularizador que se ha

8. Singer, P., Ética práctica, Akal, Madrid 2009.
9. Dawkins, R., El espejismo de Dios, ePUB, 2011 (p. 237).

desarrollado sobre todo en el occidente de tradición cristiana, tales prácticas se empezaron a permitir y, con el transcurrir del tiempo, también llegaron a decretarse. Este sería el caso, por ejemplo, de las leyes contra la eutanasia que con el tiempo, en ciertos países, se transformaron en leyes que permitían la eutanasia y, finalmente, se convirtieron en leyes que decretaban la eutanasia.

Resulta agradable y políticamente correcto decir que la amabilidad, la generosidad, la comprensión y la misericordia son conceptos comunes en la moral de creyentes y ateos. Sin embargo, estos términos pueden significar cosas muy distintas cuando se llevan a la práctica en universos morales diferentes. Desde la perspectiva cristiana podrían querer decir, por ejemplo, cuidados paliativos hacia la persona moribunda que posee un alma inmortal y, a diferencia de los animales, fue creada a imagen de Dios, pero no eutanasia activa que acabe con su vida. Por el contrario, para quienes piensan como Dawkins y Singer, al carecer las personas de alma y de destino eterno, la amabilidad consistiría en aplicarles la eutanasia para que no sufran como se haría con cualquier animal moribundo.

En cuanto al aborto se podría decir lo mismo. La mayoría de los cristianos entenderían la generosidad como la acogida en adopción del bebé que no se desea y la ayuda a la mujer embarazada que pasa por esa difícil experiencia. Para quienes piensan como Dawkins, por el contrario, lo generoso sería practicarle un aborto porque el embrión sufriría poco, o no sufriría, mientras que la madre dejaría de padecer. El mandamiento bíblico «no matarás» no se debería tener en cuenta frente a temas tan personales como el aborto. Vemos, por tanto, que unas mismas palabras pueden tener contenidos morales muy diferentes. ¿A qué se deben tales discrepancias?

El meollo de estas divergencias morales radica en el concepto de humanidad que posee cada cual. El creyente entiende que el ser humano fue creado por Dios a su imagen y semejanza. Esto significa una diferencia cualitativa con el resto de la creación, que nos dota de consciencia, espiritualidad y nos confiere trascendencia. Desde el ateísmo darwinista, Dawkins concibe la humanidad como una continuidad evolutiva con las demás especies biológicas. Como explica en su libro *La magia de la realidad*[10], la continuidad gradual entre los simios prehomínidos y los humanos es un hecho ineludible de la evolución biológica. Si se pudieran desenterrar todos los fósiles perdidos que unirían a monos y hombres, sería difícil, o imposible, diferenciar el último simio del primer humano. ¿Dónde situar, por tanto, la frontera de la moralidad? ¿Cómo surgieron las distinciones morales humanas a partir de la pura bestialidad? Después de comprobar las afirmaciones de Dawkins acerca del aborto y la eutanasia, así como las de Singer sobre

10. Dawkins, R., *La magia de la realidad*, Espasa, Barcelona 2011.

el infanticidio y el bestialismo, ¿podemos seguir pensando que las implicaciones morales de la evolución son equivalentes a las de la fe cristiana?

Es la negación de la diferencia entre especies la que provoca la división moral entre el *Zeitgeist* de Dawkins y el espíritu del cristianismo. Cuando la Biblia pone en boca de Dios su mandamiento «no matarás», no se está refiriendo a no matar ningún ser vivo, sino a no matar seres humanos inocentes. Sin embargo, si se borra la distinción entre especies como hace la teoría de la evolución, es imposible trazar una línea moral respecto al acto de matar. ¿No se deberían matar hombres, chimpancés, gorilas, ardillas... u hormigas? ¿Por qué no? Decir que la potencia cerebral de los animales sería un buen criterio es multiplicar el problema dentro del continuo sin fisuras de la evolución. Por otra parte, cuando se entiende el mandamiento de no matarás sólo en relación a los humanos, está claro que matar y comer animales no humanos es algo aceptable y moral. Pero si se elimina el estatus moral de los seres humanos, ¿qué criterio queda para prohibir prácticas como el canibalismo? Desde el darwinismo no existen motivos para condenarlo ya que la evolución no recrimina ningún rasgo moral, sólo aspira a explicarlo. En cualquier caso, se podría decir que el canibalismo es una mala estrategia evolutiva, sobre todo si se practica dentro de la misma tribu. Pero nada más. Por otra parte, la utilización industrial que se hace hoy de los embriones humanos en nuestra sociedad liberal, para todo tipo de aplicaciones médicas y cosméticas, ¿no constituye también una forma sofisticada de canibalismo?

No, por mucho que Dawkins quiera hacernos creer que no debemos temer las propuestas morales de su *Zeitgeist* –el espíritu moral de nuestra época–, lo cierto es que su secularismo nos introduce en una ambigua oscuridad moral que choca frontalmente contra los principios de la moral cristiana.

El «mundo feliz» de los nuevos ateos

A Richard Dawkins no sólo le preocupan los fanáticos musulmanes capaces de volar edificios matando gente inocente, sino también los cristianos moderados que se manifiestan en contra del aborto o la eutanasia. Tanto unos como otros serían, en su opinión, moralmente perjudiciales para la sociedad porque tales expresiones religiosas prudentes serían el caldo de cultivo imprescindible para que se dieran también los extremismos más radicales[11]. Pero Dawkins no se detiene ahí, sino que va mucho más allá. Escribe, sin que le tiemble el pulso, que educar a los niños en los valores religiosos que profesan los padres es una forma de «maltrato infantil». Su

---

11. Cf. el capítulo 9: «Infancia, abuso y la fuga de la religión», en *El espejismo de Dios*, ePUB (p. 280).

razonamiento es muy simple. Como todas las religiones son falsas, formar a los pequeños en unas creencias equivocadas es inducirlos deliberadamente al error, a una edad en la que no son capaces de defenderse por sí mismos. Por tanto, los progenitores o tutores que les inculcan su religión –aunque lo hagan de buena fe– les estarían, en realidad, maltratando psicológica y moralmente. Si los abusos sexuales a menores son malos y del todo censurables, más lo sería formarlos en la cosmovisión cristiana de la vida. Habría, pues, que proteger a los niños de sus propios padres creyentes y de los desvaríos espirituales que les puedan hacer daño. ¿Cómo compaginar tal protección con el respeto a la diversidad cultural? Dawkins cree que el derecho de los niños es más importante que cualquier promoción de la diversidad cultural porque ésta incluye las religiones de las que los pequeños deben ser protegidos. Toda religión sería como un virus mental a erradicar en la sociedad laica del mañana.

Lo que el famoso biólogo ateo y sus colegas están planeando para un futuro inmediato es, ni más ni menos que, una auténtica revolución cultural. No se trata de escribir cuatro ideas sorprendentes para ser archivadas en las estanterías de librerías y bibliotecas. Lo que se pretende es alcanzar a los políticos para que modifiquen las leyes sobre la religión y la diversidad de las culturas. ¿Qué clase de sociedad nos propone el Nuevo ateísmo de Richard Dawkins y quienes piensan como él? ¿Cómo sería el mundo si fuesen ellos quienes dictaran las leyes? Partiendo de la concepción de que la religión, toda religión, es una especie de virus mental capaz de infectar las conciencias infantiles, lo primero que se debería hacer sería ilegalizar toda enseñanza religiosa, tanto en las escuelas como en los hogares. Pero, dado el notorio arraigo que la fe tiene en muchas familias y la dificultad de conocer lo que ocurre dentro de cada hogar, probablemente habría que separar a los niños de sus padres. Puede que se consiguiera tal medida colocando a los bebés desde muy pequeños –¿quizá desde las seis semanas?– en guarderías del Estado donde se les inculcaran, lo más pronto posible, los principios del darwinismo materialista.

No obstante, ¿de qué serviría ingresar a los pequeños en centros estatales laicos, si el fin de semana al regresar a sus hogares estarían expuestos a la nociva influencia paterna? Al cerrar todas las escuelas religiosas, si se quisiera ser eficaces, habría que clausurar también todas las iglesias cristianas de cualquier denominación, así como las sinagogas, mezquitas, templos budistas, hindúes, etc. Quizá todos estos lugares de culto podrían convertirse en museos, donde se reflejaran de manera didáctica los peligros de la religión en comparación con los múltiples valores del ateísmo para la formación del espíritu humano. Aunque como los edificios no son los únicos emblemas perniciosos que hacen publicidad de las diversas ideologías religiosas, habría que acabar también con las festividades. Navidad,

Pascua, el día de Acción de Gracias tan arraigado en Norteamérica y hasta las españolísimas cabalgatas de los Reyes Magos deberían sustituirse por otras fiestas más intelectuales y científicas. Se me ocurre, por ejemplo, el día del nacimiento de grandes hombres de ciencia que suscribieron el evolucionismo. Por supuesto, el del padre del darwinismo, Ch. Darwin, sería una importante fiesta que guardar. Pero también la de algunos de sus más fervientes seguidores, como Thomas H. Huxley, el famoso «buldog de Darwin», así como el biólogo alemán Ernst Haeckel. Poco a poco, a medida que se fuera haciendo pedagogía de estos personajes en todas las escuelas, el respeto y la admiración por sus ideas y sus libros conduciría también al desprecio por la creencia en un Dios creador que lo hizo todo a partir de la nada.

Por desgracia, toda sociedad tiene alguna minoría disidente que no suelen estar de acuerdo con las leyes que aprueban los votos de la mayoría. Cualquier crítica en este sentido debería ser escrupulosamente prohibida. No se podrían tolerar las dudas acerca del darwinismo. Menos aún si éstas procedieran de algún científico rebelde al sistema ya que esto podría despertar antiguos sentimientos religiosos fundamentalistas. Dudar o desmentir a Darwin tendría que ser considerado como alta traición, pues resquebrajaría los cimientos de toda la sociedad. De la misma manera, cualquier oposición al aborto sería condenada sin contemplaciones ya que podría llegar a poner en peligro la vida de los médicos abortistas. Y como la selección natural facilita que la naturaleza elija a los mejor adaptados al ambiente, sería ella quien nos orientaría en la elección de aquellos rasgos que mejor definen lo humano. Lo lógico debería ser que sólo los mejores se reprodujeran entre sí para evitar las malformaciones genéticas. Además, hoy poseemos la tecnología suficiente para hacer del aborto el medio perfecto en la consecución de una eugenesia ideal. Si lo más importante que nos distingue del resto de los animales es nuestra superior inteligencia, las personas que mostraran deficiencias en este sentido, poca inteligencia o cierto retraso mental, deberían considerarse como malformaciones humanas a eliminar. Por supuesto, todo esto tendría que cubrirlo la Seguridad Social de cada país. ¿Acaso no es ésta la mejor manera de transmitir a las futuras generaciones un mundo más feliz y saludable?

Ironías aparte, debo confesar que el liberalismo del *Zeitgeist* moral de Dawkins me produce desazón y un cierto escalofrío. No dice nada acerca de la libertad de expresión. Se niega a reconocer la diversidad cultural y a respetarla. Ni una palabra de los derechos de los padres contra las disposiciones del Estado que atenten contra su conciencia. ¿No será que el nuevo espíritu moral de los tiempos, que nos propone Dawkins, no es tan nuevo porque, bajo un barniz de progresismo liberal, esconde otra forma más de tiranía y totalitarismo? Saque el lector sus propias conclusiones.

¿Debe tolerarse la tolerancia?

Según los defensores del Nuevo ateísmo, la idea de Dios debe ser desarraigada por completo de nuestra conciencia porque constituye el peor cáncer que padece actualmente la humanidad. La fe continúa produciendo terror, violencia y muerte en las sociedades avanzadas del siglo XXI. De ahí la necesidad de que los gobiernos se posicionen oficialmente contra cualquier forma de religiosidad. Pero no sólo la fe, también la tolerancia hacia las religiones moderadas, que aparentemente no generan conflictos, debe ser revisada y eliminada porque dicha tolerancia conforma el ambiente propicio para que proliferen las creencias radicales.

Richard Dawkins se expresa en los siguientes términos: «Mientras sigamos aceptando el principio de que esa fe religiosa debe ser aceptada simplemente porque es fe religiosa, será difícil negar el respeto a la fe de Osama bin Laden y de los terroristas suicidas. La alternativa, tan transparente que no necesita preconizarse, es abandonar el principio del respeto automático por la fe religiosa. Esta es una razón por la que yo hago todo lo que está en mi mano para advertir a la gente contra la fe en sí misma, no sólo contra la llamada fe 'extremista'. Las enseñanzas de la religión 'moderada', aunque no son extremistas en sí mismas, son una invitación abierta para el extremismo»[12]. De manera que, desde esta perspectiva, la tradicional tolerancia posmoderna hacia todas las creencias debería transformarse hoy en una intolerancia casi inquisitorial, por el bien de la humanidad. ¿Tienen razón estos nuevos ateos? ¿Se les debería hacer caso? Su propuesta de erradicar la fe, ¿sería la mejor solución para acabar con el terrorismo de matriz religiosa?

A primera vista, resulta razonable que los paladines del ateísmo contemporáneo quieran terminar con la violencia religiosa que prolifera hoy en el mundo. La mayoría de las personas se opone a la imagen de aviones repletos de pasajeros inocentes estrellándose contra las antiguas torres gemelas del World Trade Center en Nueva York. Casi nadie simpatiza con esos matarifes encapuchados del Frente Islámico que portan un cuchillo en las manos, dispuestos a degollar ante la cámara, sin ningún remordimiento, a algún desdichado ciudadano europeo o norteamericano. Pero tampoco gustan las declaraciones de ciertos judíos fundamentalistas de Israel convencidos de que Jehová desea matar palestinos o la actitud de algunos protestantes estadounidenses que creen realizar la voluntad de Dios cuando colocan bombas en clínicas abortistas. Por desgracia, el ser humano es muy dado a creer que tales actos de violencia son aprobados por Dios. Es lógico, pues, que muchos se pregunten cómo construir un mundo en el que tales

---

12. Dawkins, R., *El espejismo de Dios*, ePUB, 2011 (p. 277).

horrores no tengan cabida. No obstante, el problema es la solución que propone el Nuevo ateísmo: erradicar por completo la fe, quemar los libros sagrados de todas las religiones y clausurar las facultades de teología prohibiendo así su enseñanza porque únicamente el fin de la fe salvaría al mundo.Si la fe se ha vuelto intolerable, ¿se debería decretar una intolerancia radical contra la tolerancia? Esto es precisamente lo que proponen Dawkins y sus correligionarios. Tal propuesta constituye quizá el único rasgo verdaderamente novedoso de su pensamiento materialista[13]. Casi todo lo demás que afirman en sus escritos ya había sido dicho por otros autores ateos con anterioridad, pero la propuesta reaccionaria de volver a la intransigencia religiosa e ideológica de otros tiempos no había sido reivindicada seriamente hasta ahora. ¿Qué podemos decir acerca de eliminar la tolerancia religiosa para acabar con la violencia?

No sé si nuestros pensadores se han percatado de que están tirándose piedras sobre sus propios tejados. Si los gobiernos decretaran de forma unánime acabar con todas las ideologías religiosas, ¿no deberían también prohibir el cientificismo y el naturalismo materialista que profesan Dawkins, Harris, Hitchens, Dennett y otros? Precisamente, la tolerancia de todos los credos que se disfruta en los países avanzados ha hecho posible que se superaran los errores inquisitoriales de otros tiempos que proliferaban no solo en las religiones monoteístas, sino también en el naturalismo científico y el ateísmo. Estas últimas creencias que rechazan lo trascendente, afirmando que la naturaleza se ha creado a sí misma, únicamente pudieron desarrollarse en un ambiente de tolerancia como el que se gestó en el mundo moderno, gracias a la influencia de la fe cristiana. Sólo ahí pudo florecer la ciencia y desarrollarse el respeto hacia las particularidades de cada cultura. Si hoy existen librepensadores en el mundo es porque las culturas religiosas, superando los errores inquisitoriales de otras épocas, asumieron finalmente la libertad de credos y la tolerancia ideológica que se desprende del auténtico mensaje evangélico.

Los nuevos ateos afirman que su propuesta de intransigencia hacia la religión es legítima porque se basa sobre todo en la razón y no en la fe. ¿Es esto así? Yo pienso que no. El cientificismo, o la creencia de que los métodos de la ciencia son la única fuente de obtener conocimiento auténtico, constituye la médula espinal del naturalismo científico. Sin embargo, el cientificismo en sí mismo no es «ciencia» sino «creencia». No hay manera de ponerlo a prueba. No existen demostraciones científicas suficientes que lo corroboren sin lugar a dudas. Es imposible realizar un experimento que sea capaz de demostrarnos que cualquier proposición verdadera deba estar basada en pruebas empíricas antes que en la fe. Por tanto, la intolerancia

13. Haught, J. F., *Dios y el Nuevo ateísmo*, Sal Terrae, Santander 2012, p. 33.

hacia cualquier forma de fe debería aplicarse también al cientificismo de Dawkins y sus colegas. Sabemos que la fe de los científicos en que el universo es inteligible, es decir, que es comprensible y puede ser estudiado, resulta fundamental para que exista la propia ciencia. Sin fe no hay ciencia. Pero es que, además, resulta que la afirmación del Nuevo ateísmo de que «la verdad sólo puede alcanzarse por medio de la razón científica» al margen de la fe, es en sí misma un acto de fe. De manera que, si hubiera que acabar con todos los tipos de fe, se debería prohibir también el naturalismo y el cientificismo. Algo de lo que los nuevos ateos no quieren ni oír hablar.

Por otro lado, cuando se afirma que las creencias religiosas son malas o que el Dios de las religiones monoteístas no es bueno, ¿desde qué fundamentación moral se hace? ¿Quién decide aquello que es moralmente correcto o incorrecto? ¿Dónde han encontrado los nuevos ateos su elevada moralidad? ¿Cómo surgieron esas tablas de piedra con sus diez nuevos mandamientos? El fervor que ponen al denunciar los males sociales del oscurantismo religioso sólo puede provenir de la conciencia de estar en posesión de la verdad moral. ¿Cuál es el origen de dicha conciencia? ¿Es su moralidad el producto de un consenso social? ¿Cómo podemos saber que tal consenso es de fiar? Otros movimientos sociales, como el nazismo o el antisemitismo, también pretendían basarse en el consenso social. ¿Será quizá la selección natural darwinista quien les haya dotado con sus absolutos morales? ¿Cómo es posible que un mecanismo natural amoral pueda generar la conciencia de lo que es bueno o malo? Y, en cualquier caso, muchas acciones que se podrían considerar moralmente negativas, como mentir, robar, violar o matar, ¿no pueden usarse como óptimos mecanismos evolutivos de carácter adaptativo? ¿Sería sabio seguir los criterios morales propios de la evolución? El darwinismo social intentó hacerlo en el pasado favoreciendo la supervivencia de los más aptos. Sin embargo, ¿quién defendería hoy semejantes estrategias sociales?

Al rechazar la existencia de Dios, los nuevos ateos fundamentan sus valores éticos en la sola razón. Pero las dudas subsisten. ¿Por qué se debería confiar en la razón humana? Si nuestra mente es el producto de la selección natural darwinista, un mecanismo natural ciego y sin propósito tal como ellos lo entienden, ¿podemos confiar en su objetividad moral? Desde este punto de vista evolutivo, quizá se podría argumentar que la mente humana debe tener la capacidad de adaptarse al medio ambiente pero, aparte de esto, el darwinismo es incapaz de explicar por qué nuestra mente es razonable. Luego entonces, ¿deberíamos hacer caso a nuestras capacidades cognitivas para determinar lo moralmente correcto? ¿Dónde y cómo consiguió el hombre esa elevada estatura moral con la que pretende juzgarlo todo? ¿Acaso no hay que hacer también un salto de fe para aceptar que la sola razón sea el fundamento último de la ética?

Sin embargo, cuando la realidad se interpreta desde la perspectiva de la existencia de Dios las cosas cambian. Si el creador nos hizo a su imagen y semejanza, como afirma la Escritura, entonces podemos confiar en nuestra mente humana. La capacidad que tenemos para entender y descubrir la realidad del mundo está inmersa en la propia inteligibilidad que lo empapa todo. Podemos hacer ciencia, no porque nos apropiemos de la verdad del mundo sino, más bien, porque esa verdad nos posee a nosotros también. La conciencia moral con la que se nos dotó, aunque en ocasiones pueda deformarse, en general será capaz de determinar certeramente entre las acciones buenas y las malas. Al ser Dios el fundamento último de dicha conciencia moral humana, podemos confiar plenamente en ella. La indignación que nos produce, por ejemplo, la injusticia o las malas acciones no es obra de nuestros genes ni de la selección natural darwinista, como piensa Dawkins, sino de haber sido conformados con arreglo a ese patrón de bondad hacia el que siempre aspiramos inconscientemente. El anhelo por la verdad y por todo lo moralmente correcto reside en los entresijos del alma humana desde que nos fue implantado por el Sumo Hacedor.

Siendo esto así, la fe cristiana no es un salto a ciegas sobre el vacío de la nada, ni tampoco una serie de creencias irracionales carentes de pruebas. Se trata más bien de la certeza capaz de enfocar nuestro raciocinio sobre una región de la realidad a la que la ciencia no tiene acceso. Una dimensión profunda de la espiritualidad humana. Un área de inagotable sentido trascendente. Una zona donde la existencia del hombre puede aspirar a la verdad y a la bondad con mayúsculas. Desde semejante perspectiva es posible constatar que la fe no es enemiga de la razón, sino su aliada prematura. La fe crea el camino para que transite el razonamiento y le ofrece aire puro para que no se ahogue. Los diversos racionalismos, así como el cientificismo, llegan a asfixiar la razón, pero la fe le permite respirar en libertad y orientarse con sabiduría. Sólo la fe cristiana puede proporcionarle sentido a la razón y sustento a la moralidad humana.

No, no podemos erradicar la fe. No debemos hacerlo porque sin ella todo se torna relativo y empezamos a caminar sobre las arenas movedizas de la arbitrariedad humana, sin rumbo ni destino eterno.